新时代智库出版的领跑者

国家智库报告 2023（34）
National Think Tank

中国非洲研究院文库·智库系列

非洲国家数字经济发展与中非合作

闫坤 等著

DIGITAL ECONOMY DEVELOPMENT IN AFRICAN
COUNTRIES AND CHINA-AFRICA COOPERATION

中国社会科学出版社

图书在版编目(CIP)数据

非洲国家数字经济发展与中非合作 / 闫坤等著 . —北京：中国社会科学出版社，2023.9

（国家智库报告）

ISBN 978 – 7 – 5227 – 2628 – 1

Ⅰ.①非… Ⅱ.①闫… Ⅲ.①区域经济合作—国际合作—研究—中国、非洲 Ⅳ.①F125.4②F140.54

中国国家版本馆 CIP 数据核字（2023）第 182587 号

出 版 人	赵剑英
责任编辑	黄　丹　范娟荣
责任校对	朱妍洁
责任印制	李寡寡

出　　版	中国社会科学出版社
社　　址	北京鼓楼西大街甲 158 号
邮　　编	100720
网　　址	http://www.csspw.cn
发 行 部	010 – 84083685
门 市 部	010 – 84029450
经　　销	新华书店及其他书店
印刷装订	北京君升印刷有限公司
版　　次	2023 年 9 月第 1 版
印　　次	2023 年 9 月第 1 次印刷
开　　本	787×1092　1/16
印　　张	9.75
插　　页	2
字　　数	127 千字
定　　价	58.00 元

凡购买中国社会科学出版社图书，如有质量问题请与本社营销中心联系调换
电话：010 – 84083683
版权所有　侵权必究

《中国非洲研究院文库》编委会名单

主　任　蔡　昉

编委会（按姓氏笔画排序）

王　凤　　王林聪　　王启龙　　安春英　　邢广程
毕健康　　朱伟东　　李安山　　李新烽　　杨宝荣
吴传华　　余国庆　　张永宏　　张宇燕　　张忠祥
张振克　　林毅夫　　罗建波　　周　弘　　赵剑英
姚桂梅　　党争胜　　唐志超　　冀祥德

充分发挥智库作用　助力中非友好合作

——《中国非洲研究院文库》总序言

当前，世界之变、时代之变、历史之变正以前所未有的方式展开。一方面，和平、发展、合作、共赢的历史潮流不可阻挡，人心所向、大势所趋决定了人类前途终归光明。另一方面，恃强凌弱、巧取豪夺、零和博弈等霸权霸道霸凌行径危害深重，和平赤字、发展赤字、治理赤字加重，人类社会面临前所未有的挑战。

作为世界上最大的发展中国家，中国始终是世界和平的建设者、国际秩序的维护者、全球发展的贡献者。非洲是发展中国家最集中的大陆，是维护世界和平、促进全球发展的重要力量之一。在世界又一次站在历史十字路口的关键时刻，中非双方比以往任何时候都更需要加强合作、共克时艰、携手前行，共同推动构建人类命运共同体。

中国和非洲都拥有悠久灿烂的古代文明，都曾走在世界文明的前列，是世界文明百花园的重要成员。双方虽相距万里之遥，但文明交流互鉴的脚步从未停歇。进入21世纪，特别是中共十八大以来，中非文明交流互鉴迈入新阶段。中华文明和非洲文明都孕育和彰显出平等相待、相互尊重、和谐相处等重要理念，深化中非文明互鉴，增强对彼此历史和文明的理解认知，共同讲好中非友好合作故事，为新时代中非友好合作行稳致远汲取历史养分、夯实思想根基。

中国式现代化，是中国共产党领导的社会主义现代化，既有各国现代化的共同特征，更有基于自己国情的中国特色。中国式现代化，深深植根于中华优秀传统文化，体现科学社会主义的先进本质，借鉴吸收一切人类优秀文明成果，代表人类文明进步的发展方向，展现了不同于西方现代化模式的新图景，是一种全新的人类文明形态。中国式现代化的新图景，为包括非洲国家在内的广大发展中国家发展提供了有益参考和借鉴。近年来，非洲在自主可持续发展、联合自强道路上取得了可喜进步，从西方眼中"没有希望的大陆"变成了"充满希望的大陆"，成为"奔跑的雄狮"。非洲各国正在积极探索适合自身国情的发展道路，非洲人民正在为实现《2063年议程》与和平繁荣的"非洲梦"而努力奋斗。中国坚定支持非洲国家探索符合自身国情的发展道路，愿与非洲兄弟共享中国式现代化机遇，在中国全面建设社会主义现代化国家新征程上，以中国的新发展为非洲和世界提供发展新机遇。

中国与非洲传统友谊源远流长，中非历来是命运共同体。中国高度重视发展中非关系，2013年3月，习近平担任国家主席后首次出访就选择了非洲；2018年7月，习近平连任国家主席后首次出访仍然选择了非洲；6年间，习近平主席先后4次踏上非洲大陆，访问坦桑尼亚、南非、塞内加尔等8国，向世界表明中国对中非传统友谊倍加珍惜，对非洲和中非关系高度重视。在2018年中非合作论坛北京峰会上，习近平主席指出："中非早已结成休戚与共的命运共同体。我们愿同非洲人民心往一处想、劲往一处使，共筑更加紧密的中非命运共同体，为推动构建人类命运共同体树立典范。"2021年中非合作论坛第八届部长级会议上，习近平主席首次提出了"中非友好合作精神"，即"真诚友好、平等相待，互利共赢、共同发展，主持公道、捍卫正义，顺应时势、开放包容"。这是对中非友好合作丰富内涵的高度概括，是中非双方在争取民族独立和国家解放的历史进程中培育的宝贵财富，是中非双方在发展振兴和团结协作的伟大征程上形成的重要风范，体现了友好、平等、共赢、正义的鲜明特征，是新型国际关系的时代标杆。

随着中非合作蓬勃发展，国际社会对中非关系的关注度不断提高。一方面，震惊于中国在非洲影响力的快速上升；一方面，忧虑于自身在非洲影响力的急速下降，西方国家不时泛起一些肆意抹黑、诋毁中非关系的奇谈怪论，诸如"新殖民主义论""资源争夺论""中国债务陷阱论"等，给发展中非关系带来一定程度的干扰。在此背景下，学术界加强对非洲和中非关系的研究，及时推出相关研究成果，提升中非双方的国际话语权，展示中非务实合作的丰硕成果，客观积极地反映中非关系良好发展，向世界发出中国声音，显得日益紧迫和重要。

以习近平新时代中国特色社会主义思想为指导，中国社会科学院努力建设马克思主义理论阵地，发挥为党和国家决策服务的思想库作用，努力为构建中国特色哲学社会科学学科体系、学术体系、话语体系作出新的更大贡献，不断增强我国哲学社会科学的国际影响力。中国社会科学院西亚非洲研究所是遵照毛泽东主席指示成立的区域性研究机构，长期致力于非洲问题和中非关系研究，基础研究和应用研究双轮驱动，融合发展。

以西亚非洲研究所为主体于2019年4月成立的中国非洲研究院，是习近平主席在中非合作论坛北京峰会上宣布的加强中非人文交流行动的重要举措。自西亚非洲研究所及至中国非洲研究院成立以来，出版和发表了大量论文、专著和研究报告，为国家决策部门提供了大量咨询报告，在国内外的影响力不断扩大。遵照习近平主席致中国非洲研究院成立贺信精神，中国非洲研究院的宗旨是：汇聚中非学术智库资源，深化中非文明互鉴，加强中非治国理政和发展经验交流，为中非和中非同其他各方的合作集思广益、建言献策，为中非携手推进"一带一路"高质量发展、共同建设面向未来的中非全面战略合作伙伴关系、构筑更加紧密的中非命运共同体提供智力支持和人才支撑。

中国非洲研究院有四大功能：一是发挥交流平台作用，密切中非学术交往。办好三大讲坛、三大论坛、三大会议。三大讲坛包括"非洲讲坛""中国讲坛""大使讲坛"，三大论坛包括"非洲留学生论坛""中非学术翻译论坛""大航海时代与21世纪海峡两岸学术论坛"，三大会议包括"中非文明对话大会""《（新编）中国通史》和《非洲通史（多卷本）》比较研究国际研讨会""中国非洲研究年会"。二是发挥研究基地作用，聚焦共建"一带一路"。开展中非合作研究，对中非共同关注的重大问题和热点问题进行跟踪研究，定期发布研究课题及其成果。三是发挥人才高地作用，培养高端专业人才。开展学历学位教育，实施中非学者互访项目，扶持青年学者和培养高端专业人才。四是发挥传播窗口作用，讲好中非友好故事。办好中国非洲研究院微信公众号，办好中英文中国非洲研究院网站，创办多语种《中国非洲学刊》。

为贯彻落实习近平主席的贺信精神，更好汇聚中非学术智库资源，团结非洲学者，引领中国非洲研究队伍提高学术水平和创新能力，推动相关非洲学科融合发展，推出精品力作，同时重视加强学术道德建设，中国非洲研究院面向全国非洲研究学界，坚持立足中国，放眼世界，特设"中国非洲研究院文库"。"中国非洲研究院文库"坚持精品导向，由相关部门领导与专家学者组成的编辑委员会遴选非洲研究及中非关系研究的相关成果，并统一组织出版。文库下设五大系列丛书："学术著作"系列重在推动学科建设和学科发展，反映非洲发展问题、发展道路及中非合作等某一学科领域的系统性专题研究或国别研究成果；"学术译丛"系列主要把非洲学者以及其他方学者有关非洲问题研究的学术著作翻译成中文出版，特别注重全面反映非洲本土学者的学术水平、学术观点和对自身发展问题的见识；"智库报告"系列以中非关系为研究主线，中非各领域合作、国别双边关系及中国与其他国际角色在非洲的互动关系为支撑，客观、准确、翔实地反映中非合作的现状，为新时代中非关系顺利发展提供对策建议；"研究论丛"系列基于国际格局新变化、中国特色社会主义进入新时代，集结中国专家学者研究非洲政治、经济、安全、社会发展等方面的重大问题和非洲国际关系的创新性学术论文，具有基础性、系统性和标志性研究成果的特点；"年鉴"系列是连续出版的资料性文献，分中英文两种版本，设有"重要文献""热点聚焦""专题特稿""研究综述""新书选介""学刊简介""学术机构""学术动态""数据统计""年度大事"等栏目，系统汇集每年度非洲研究的新观点、新动态、新成果。

期待中国的非洲研究和非洲的中国研究在中国非洲研究院成立新的历史起点上，凝聚国内研究力量，联合非洲各国专家学者，开拓进取，勇于创新，不断推进我国的非洲研究和非洲的中国研究以及中非关系研究，从而更好地服务于中非高质量共建"一带一路"，助力新时代中非友好合作全面深入发展，推动构建更加紧密的中非命运共同体。

中国非洲研究院
2023 年 7 月

摘要：世界面临百年未有之大变局，地区局势复杂多变、全球不稳定不确定性因素日渐增多。随着信息通信技术的快速发展及数字化的不断普及，数字经济业已成为全球经济增长的主要驱动力，对于全球经济发展与结构重塑具有重要作用。中国是全球数字经济第二大国，在数字经济发展中具有较强的比较优势。非洲国家也意识到发展数字经济对于实现经济转型发展、拉动经济增长、增加政府财政收入、带动就业增长、促进减贫、融入全球经济具有极其重要的作用。非洲数字经济发展虽仍处于较低水平，但具有人口数量多且年轻化、经济增速较快、数字基建需求较大等发展潜能。在全球数字经济引领下，中非数字经济合作已取得有目共睹的阶段性成果。中非数字经济合作，既充分契合非洲国家数字化转型的需要，也完全符合中非经贸深入友好往来的一贯愿景。中非数字经济合作的广度和深度正不断拓展，将成为推动非洲国家实现数字化转型的重要力量。

关键词：中非合作；数字经济；非洲经济；"数字非洲"

Abstract: The world is facing the great changes that have not been seen in a century, the regional situation is complex and volatile, and the global instability and uncertainty factors are increasing. With the rapid development of the information and communication technology, as well as the digitalization, the digital economy has become a major driver of global economic growth and plays an important role in the development and structural reshaping of the global economy. African countries are also aware of the importance of the digital economy in transforming their economies, boosting economic growth, increasing government revenues, driving employment growth, promoting poverty reduction and integrating into the global economy. China is the second largest country in the global digital economy and has a strong comparative advantage in the development of the digital economy. Although the development of Africa's digital economy is still at a relatively low level, but it has development potential such as a large and young population, rapid economic growth, and a large demand for digital infrastructure. With the global digital economy leading the way, China-Africa digital economy cooperation has achieved visible milestones. China-Africa digital economy cooperation not only fully meets the needs of digital transformation of African countries, but also fully conforms to the consistent vision of deepen friendly economic and trade exchanges between China and Africa. China-Africa digital economy cooperation will continue to expand in breadth and depth, and China will become an important force in driving African countries to achieve digital transformation.

Key Words: China-Africa Cooperation; Digital Economy; African Economy; "Digital Africa"

目 录

引 言 ……………………………………………… (1)

一 全球格局下的非洲数字经济 ……………………… (9)
  （一）全球数字经济发展趋势 …………………… (9)
  （二）全球主要经济体数字经济发展情况 ……… (15)
  （三）非洲数字经济在全球格局中的位置 ……… (17)
  （四）欧美日数字经济发展新特征及对非合作新
       动向 ……………………………………… (24)

二 非洲数字经济的现状调查 ………………………… (28)
  （一）非洲整体情况 ……………………………… (28)
  （二）东部非洲发展情况 ………………………… (47)
  （三）南部非洲发展情况 ………………………… (60)
  （四）西部非洲发展情况——以尼日利亚为例 … (78)
  （五）北部非洲发展情况——以埃及为例 ……… (84)

三 非洲数字经济发展的潜力与路径 ………………… (88)
  （一）人口和经济增长扩大数字经济潜力 ……… (88)
  （二）存在的问题 ………………………………… (92)
  （三）"弯道超车"路径分析 ……………………… (95)

（四）非洲与欧美合作的困境以及中国在非洲的
　　　　 影响力分析 …………………………………………（102）

四　中非数字经济合作 ………………………………………（111）
　　（一）中非数字经济合作现状 ……………………………（111）
　　（二）"一带一路"中的数字经济合作 …………………（119）
　　（三）非洲自贸区建设与中非数字经济合作……………（123）

五　深化中非数字经济合作的政策建议 …………………（129）
　　（一）加快落实"一带一路"框架下的数字基建
　　　　 合作 …………………………………………………（129）
　　（二）拓展应用场景合作 …………………………………（130）
　　（三）加强技术合作 ………………………………………（131）
　　（四）与欧美在非洲共同开展"第三方合作" ………（132）
　　（五）提升合作的国际标准 ………………………………（133）
　　（六）处理好债务及地缘政治风险 ………………………（134）

参考文献 ………………………………………………………（136）

引　言

中非友好渊源已久，正如毛泽东同志所言："非洲兄弟把中国抬进了联合国。"① 如今，随着中国国力的强大，中国对非援助、投资、贸易均大幅增加，非洲正搭乘中国发展的"快车""便车"而茁壮成长。2020年6月17日，习近平主席主持中非团结抗疫特别峰会并发表主旨讲话时强调："中方珍视中非传统友谊，无论国际风云如何变幻，中方加强中非团结合作的决心绝不会动摇。"②

随着以数字技术为代表的新一轮产业革命的到来，数字经济成为中非合作的重要领域。非洲在数字经济领域明显落后，在全球的地位主要是提供一个较具潜力的市场而已，亟须提升发展速度和国际话语权。中国在"一带一路"建设中采用先进的数字技术，助力非洲等地区弯道超车。其中，重要内容就是将中国的5G等优势技术输出到非洲，当地获得中国数字技术和设备，可以促进自身要素禀赋结构的提升，进而推动以产业链发展为基础的投资、价值延伸，并最终实现多层次、高附加值的合作。因此，中非数字经济合作，是真心实意地致力于提

---

① 吴妙发：《走进联合国》，中共中央党校出版社2000年版，第3页。
② 中共中央党史和文献研究院编：《习近平关于统筹疫情防控和经济社会发展重要论述选编》，中央文献出版社2020年版，第181页。

升有关国家的自主和可持续发展能力。

长期以来，受到经济发展阶段的限制，非洲数字经济规模滞后于其经济体量。非洲54个经济体在2021年的GDP总量约为2.7万亿美元，与全球第七大经济体法国的经济规模相当，但其数字经济规模仅为1150亿美元①，仅为法国11870亿美元②的9.7%。今后，考虑到非洲经济形态从农业社会转向工业社会和数字社会的大背景，非洲在提升自身经济体量过程中不仅可以自然而然地带动数字经济发展，还会不断提升数字经济相关产业增加值占GDP的比重。以经济体量较大、发展水平较高的南非为例，其2020年的数字经济规模已达576亿美元，占GDP比重为19.1%③，而2021年非洲整体数字经济占GDP比重仅为4.3%。

国际经验表明，一国或地区经济体量增长对数字经济规模扩大有正向作用。一方面，经济体量大的国家或地区的数字经济规模往往较大。根据中国信息通信研究院发布的《全球数字经济白皮书（2021年）》，全球前四大经济体美中日德在2020年的数字经济规模同样居全球前四位，且该四国数字经济规模总和达24万亿美元，占全球47个主要国家的数字经济总规模的73.5%。④从非洲内部来看，肯尼亚、尼日利亚、南非和埃及作为非洲数字经济"四小龙"，恰恰是东非、西非、南非和北非各区域的GDP头号强国，也都是非洲大陆前十大经济体。另一方面，非洲经济增长的同时，数字经济或将取得更快发展，

---

① 《非洲大陆发展中的国家在扶持电子商务行业》，知乎网，2021年7月28日，https://zhuanlan.zhihu.com/p/394061515.
② 中国信息通信研究院：《全球数字经济白皮书（2021年）》，2021年9月，https://www.100ec.cn/home/detail--6601100.html.
③ 中国信息通信研究院：《全球数字经济白皮书（2021年）》，2021年9月，https://www.100ec.cn/home/detail--6601100.html.
④ 中国信息通信研究院：《全球数字经济白皮书（2021年）》，2021年9月，https://www.100ec.cn/home/detail--6601100.html.

即数字经济占GDP比重将持续上升。

非洲较高的经济增速蕴藏巨大的产业数字化转型机遇。自2000年以来,撒哈拉以南非洲国家的GDP平均每年增长5%[1],2020年新冠疫情的暴发暂时中断了非洲长达20年的经济增长进程,但2021年又强劲反弹增长6.9%[2]。非洲较快的发展速度为打破低水平状态提供了可能,为数字经济新业态新模式的孕育和成长提供了机遇。欧洲和日本的经验表明,较低的经济增速和过于安稳的经济生态限制了数字经济的发展速度,如便捷的银行卡服务限制了网络支付的使用率,再如数十年停滞不前的人均收入抑制了人们对新消费的热情,尽管其数字经济处于较高水平,但实际增长缓慢,正逐渐被中国和印度等新兴经济体所追赶和超越。非洲则与之不同,经济发展阶段较为初级,但增速较快、后发优势明显,各行各业都在经济发展大潮中经历结构变迁和技术升级,各类数字技术和数字化应用恰逢其时,将不断"见缝插针"式地渗透到人们的生产和生活之中。

非洲数字市场的扩大还体现在区域统一市场的构建上。近年来,非洲一体化发展加快推进。2020年,非洲联盟(以下简称"非盟")提出《非洲数字化转型战略(2020—2030)》,计划到2030年将非洲建成一个安全的数字单一市场。2021年,《非洲大陆自由贸易协定》(AfCFTA)正式启动,其中纳入了数字贸易和电子商务谈判内容,并设立数字贸易委员会。[3] 2022

---

[1] 《非洲或许是全球经济增长的绿洲》,《中国社会科学报》2020年3月12日。

[2] 《非洲开发银行认为2021年非洲经济增速达6.9%》,中国商务部网站,2022年5月31日,http://ml.mofcom.gov.cn/article/jmxw/202205/20220503315373.shtml.

[3] 《非洲大陆自贸区数字贸易议定书有关进展情况》,中国商务部网站,2021年12月20日,http://www.mofcom.gov.cn/article/zwjg/zwxw/zwxwxyf/202112/20211203230110.shtml.

年7月,非盟宣布启动非洲大陆自贸区数字贸易走廊。① 今后,非洲大陆碎片化的市场将逐渐整合为统一大市场,并形成一定的超大市场优势,从而使互联网跨国公司可以更好地利用规模经济和网络效应来发展区域价值链,推动数字经济增长和数字贸易扩大,从而使二者之间形成良性循环。

总体上,非洲数字经济虽仍处于较低水平,但长期发展潜力较大。非洲经济增长速度较快,人口多、增长快且年轻化,数字基础设施建设空间大,这些有利因素构成了非洲数字经济长期发展的潜力。据预测,非洲数字经济规模到2025年将达到1800亿美元,占GDP的5.2%。仅从数据中心建设来看,根据研究机构Global United Research的数据,2021年非洲数据中心建设市场规模为22亿美元,预计到2026年年底将达到32亿美元,2021—2026年复合年增长率将达到6.68%。②

面对较大发展潜力,非洲应采取什么样的发展路径?能不能实现弯道超车?纵观非洲数字经济的实际表现,发现其已在制定战略发展规划、使用最先进的技术、应用于最广泛的场景、采纳最前沿的监管规则四个方面呈现出弯道超车迹象。

与此同时,非洲本身仍存在一些严峻的问题,或将限制其数字经济的稳健发展。一是部分地区政治社会不稳定。部分非洲国家的政治经济体制不稳定,产权保护制度不完善,政权动荡和占有私人投资的事情仍时有发生。③ 而且,近年来部分地区

---

① 《2022年非洲博马(Boma)节宣布启动非洲大陆自贸区数字贸易走廊》,中国商务部网站,2022年7月11日,http://africanunion.mofcom.gov.cn/article/jmxw/202207/20220703332689.shtml.

② 《非洲数据中心建设市场预计到2026年底将达32亿美元》,腾讯网,2022年8月10日,https://new.qq.com/rain/a/20220810A05CCY00.

③ 例如,刚果(金)于2018年颁布了新矿业法,提高矿产的特许使用费,并将政府无偿占有的股份从5%上涨到10%。

社会安全问题凸显，人们的生命和财产安全受到一定的威胁。二是电力、地理定位系统等配套设施不足。以电力为例，2022年6月国际能源署（IEA）发布的《2022年非洲能源展望》显示，受新冠疫情和全球能源价格高企的影响，非洲电力紧张问题加剧，有6亿人口过着无电可用的生活。① 配套设施的不足客观上降低了数字产品的应用效益，阻碍了数字经济投资和消费。不稳定的电力供应直接影响了数字基础设施的效能，在停电状态下几乎所有数字设施、产品和服务均不能正常工作，只能束之高阁。三是数字设施、数字产品及服务的使用率较低。以农业数字化为例，尽管为牛羊安装定位系统可以提升农产品安全认证水平并有助于培育非洲地理标识的肉类品牌，但由于农户较分散、相关设施成本较高，实际使用此类数字化、智能化设备的农户较少。较低的使用率降低了数字经济的规模效益和网络效应，并导致相关投资的回报率较低、资本回收周期较长，从而增加了资本方的顾虑，拉低了实际投资水平。而且，非洲本土的人才和数据等要素供给跟不上数字经济发展的需求，不少非洲企业不得不转向域外寻求产业要素。四是债务率较高。从债务来源看，常以多边金融机构和商业债权人面目出现的西方资本是非洲国家的最大债主，根据2022年世界银行国际债务统计数据，多边金融机构债务占非洲整体外债的28.8%，商业债权人债务占41.8%。② 高的债务率使人担忧非洲的偿债能力，导致一些国际投资者望而却步。在非洲，缓债、减债、免债成

---

① 《非洲无电可用人口增加2500万能源供应能力减弱引担忧》，参考消息网，2022年6月26日，http://www.cankaoxiaoxi.com/finance/20220626/2483815.shtml.

② 《驻肯尼亚大使周平剑在肯媒体发表署名文章〈所谓"债务陷阱"纯属虚假信息〉》，中国外交部网站，2022年7月4日，https://www.fmprc.gov.cn/wjdt_674879/zwbd_674895/202207/t20220704_10715199.shtml.

为处理债务问题的重要举措，出于援助和人道主义考量，这是国际社会可接受的常见做法；但从商业资本的盈利性而言，这无疑增加了企业的投资成本。

中非数字经济合作前景广阔。英国经济学人智库在2022年8月发表的一份报告中称，鉴于欧洲在非洲的殖民历史，加上过去几十年欧美对非反复无常的接触和大量没有兑现的投资承诺，导致非洲对西方意图产生怀疑。欧美对非的投资合作往往被视为只是要抗衡中国的影响力，而不是与非洲开展商业伙伴合作。中国的表现则与之不同，中国近年来不断帮助非洲建设数字关键设施、参与非洲数字全产业链经济活动、助力提升非洲数字技术和全球价值链，在非洲的影响力超过美国和欧洲。客观地说，非洲国家数字技术自主研发能力相对有限，数字产业基本存在于应用层面，关键技术、设备、平台较依赖域外国家。中国则迎合了非洲数字技术创新发展的需要，通过广泛深入、平等互利的国际合作来提升非洲数字技术水平，着重在非洲推介5G、金融科技、电商等中国的优势数字产业，使前沿技术在非洲落地生根。以微观企业的具体表现为例，2022年上半年中国的传音控股在非洲智能机市场占有率超过40%，排名第一，[①]可见中国企业在非洲数字经济领域的影响力非常大。

中非数字经济合作有重大现实意义。第一，稳固中非友谊，提升中国国际影响力。党的二十大报告指出："中国始终坚持维护世界和平、促进共同发展的外交政策宗旨，致力于推动构建人类命运共同体。"[②] 其中，中非命运共同体是责任共同体、利

[①] 《非洲移动互联高歌猛进，传音控股入场的求变与坚守》，投资界网站，2022年8月30日，https://news.pedaily.cn/20220830/41095.shtml.

[②] 习近平：《高举中国特色社会主义伟大旗帜　为全面建设社会主义现代化国家而团结奋斗——在中国共产党第二十次全国代表大会上的报告》，人民出版社2022年版，第60页。

益共同体和命运共同体的统一，也是人类命运共同体的重要组成部分。当前，中国对非洲影响力居世界第一，且仍处于上升势头；美国居第二，处于稳定或下降状态；欧日对非影响力正相对下滑。今后，数字经济的合作将进一步提高中非合作深度和广度，加深中非合作基础和传统友谊。第二，助力非洲实现弯道超车。大量研究表明，欧洲殖民统治留给非洲的制度遗产极为糟糕。欧洲对非殖民统治导致一些国家拥有强大的专制趋势，导致这些国家不断重复着不安全、无效率产权的历史模式。历史上，由于经济、文化和政治等各种原因，欧洲人控制了非洲国家的大部分对外贸易，某些帝国政府为了本国侨民的利益，故意牺牲当地居民的利益。而且，获利最多的一些部门（批发、银行、海运、保险）往往为外国所控制，从而减少了对当地制造业进行投资的资金和企业数目。尽管奴隶制早已被禁止，但欧美与非洲的权力关系基本上保持不变。数字经济给予了非洲经济腾飞、摆脱资源困境、加强国际话语权的绝佳机会。第三，拓展中国数字技术的应用市场和国际标准认可度。新兴的5G、物联网、人工智能等技术标准制定正处在一个碎片化而复杂的环境中，而中国的努力可能会使中国在物联网标准和配套基础设施方面的偏好更早得到锁定。非洲数字市场潜力巨大，中国企业的技术标准和设备有很大的发展空间。

本报告是中国非洲研究院2021年度中非合作研究课题"非洲国家数字经济发展与中非合作研究"的研究成果。该课题由中国社会科学院日本研究所党委书记闫坤主持，由日本研究所和财经战略研究院共同完成。本报告各章写作分工如下：研究报告的提纲设计、研讨论证和统稿工作由闫坤研究员负责；引言由刘诚副研究员完成；第一部分全球格局下的非洲数字经济由李双双副研究员完成；第二部分非洲数字经济的现状调查，包括非洲整体情况、东部非洲和南部非洲发展情况、尼日利亚和埃及情况，由汪红驹研究员、于树一研究员、汪川副研究员、吕风勇助理研究员共同完成；第三部分非洲数字经济发展的潜力与路径由刘诚副研究员完成；第四部分中非数字经济合作由王海霞助理研究员完成；第五部分深化中非数字经济合作的政策建议由闫坤研究员和刘诚副研究员共同完成。

一 全球格局下的非洲数字经济

全球数字经济正在迅速发展，不仅整体规模持续扩大，而且增速明显高于经济平均增速。与此同时，全球数字经济格局呈现不均衡态势，在数字经济规模上，美国以大幅领先优势稳居全球第一；在数字经济增速上，亚洲新兴经济体更胜一筹，中国和越南先后领跑全球；在数字经济结构上，发达国家在产业数字化渗透上遥遥领先；而非洲在数字经济发展上处于相对落后的境地，与世界其他地区存在显著鸿沟。在数字经济规模日益扩大而数字经济规制存在空白、数字经济与产业链安全紧密联系的背景下，欧美不仅争夺国际数字经济规则制定权，还以半导体产业为核心，强化研发支持和产业链安全。欧美出于自身区域战略考量，一方面加强与非洲的数字经济基础设施合作，另一方面继续争夺非洲数字主权，并大力在非洲推广自身数字规制。当前，非洲正在努力进行数字经济追赶，并争取数字经济主权。

（一）全球数字经济发展趋势

近年来，全球数字经济发展迅速，表现为规模持续扩大，增速明显高于经济平均增速，占经济比重迅速提高，并且产业数字化获得显著发展，经济数字化转型正在成为新一轮产业变革的主旋律。展望未来，数字经济正在成为大国抢占全球竞争制高点的新赛道，世界主要发达国家纷纷作出战略部署，积极采取措施加快产业数字化转型。与此同时,世界数字鸿沟显著,新冠疫情在加速数字经济发展的同时,也引发对填补数字鸿沟的更多关注。

1. 全球数字经济发展现状

第一,全球经济数字化发展趋势愈加明显,传统产业加速数字化转型,数字经济规模持续扩大。联合国贸易和发展会议(简称"贸发会议",UNCTAD)于2019年9月发布的《2019年数字经济报告》采取生产法核算显示,数字经济规模占全球GDP的比重估计为4.5%—15.5%。根据中国信息通信研究院的测算,全球数字经济增加值规模由2018年的30.2万亿美元扩张至2021年的38.1万亿美元,增长了7.9万亿美元。根据中国信息通信研究院发布的《全球数字经济白皮书(2022年)》,2021年高收入国家数字经济规模高达28.6万亿美元,占47个国家数字经济总量的75.2%,远超中高收入国家8.6万亿美元和中低收入国家8745亿美元的水平;从不同经济发展水平看,发达国家数字经济规模是发展中国家的2.6倍,显示数字经济南北差距较大(见图1-1)。[1]

---

[1] 中国信息通信研究院:《全球数字经济白皮书(2022年)》,2022年12月,http://www.caict.ac.cn/english/research/whitepapers/202303/P020230316619916462600.pdf.需要补充说明的是,鉴于数据的可得性,中国信息通信研究院只选取了47个国家进行数字经济规模的估算,且其中高收入国家、中高收入国家、中低收入国家的数量分别是34个、10个、3个,发达国家和发展中国家数量分别是20个、27个,存在数量上的明显不均衡,所以不同收入组和发展组国家数字经济的规模对比并不能真正反映现实差距。中国信息通信研究院测算的47个国家包括爱尔兰、爱沙尼亚、奥地利、澳大利亚、比利时、波兰、丹麦、德国、法国、芬兰、韩国、荷兰、加拿大、捷克、克罗地亚、拉脱维亚、立陶宛、卢森堡、美国、挪威、葡萄牙、瑞典、瑞士、日本、塞浦路斯、斯洛伐克、斯洛文尼亚、西班牙、希腊、新加坡、新西兰、匈牙利、意大利、英国、巴西、保加利亚、俄罗斯、罗马尼亚、马来西亚、墨西哥、南非、泰国、土耳其、中国、印度、印度尼西亚、越南。

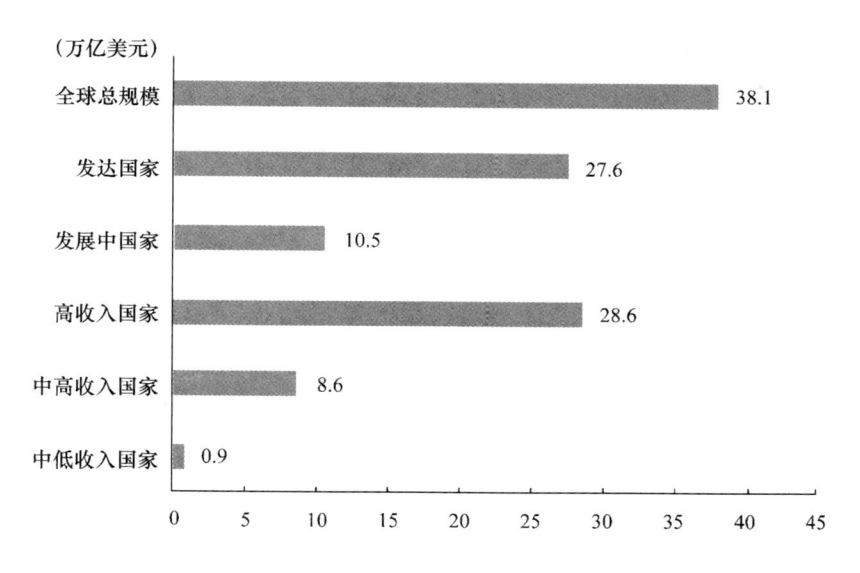

```
(万亿美元)
全球总规模         ████████████████████████  38.1
发达国家           █████████████████  27.6
发展中国家         ██████  10.5
高收入国家         █████████████████  28.6
中高收入国家       █████  8.6
中低收入国家       ▏ 0.9
                0    5   10  15  20  25  30  35  40  45
```

图1-1　2021年全球及不同分组国家数字经济规模

资料来源：中国信息通信研究院：《全球数字经济白皮书（2022年）》，2022年12月，http://www.caict.ac.cn/english/research/whitepapers/202303/P020230316619916462600.pdf.

第二，数字经济已经成为各国国民经济的重要组成部分，数字经济占GDP比重稳步提升。美国经济分析局（BEA）采用生产法测算美国1998—2017年数字经济规模，结果显示，美国数字经济每年以9.9%的平均速度增长，显著高于同期美国经济2.3%的平均增速。2017年美国数字经济总量约合1.35万亿美元，占GDP的比重为6.9%。尽管占比并不高，但数字经济对GDP增长的贡献尤为显著。根据测算，2017年美国数字经济贡献了当年GDP实际增速的1/4。日本野村综合研究所于2019年10月发布的报告则采用了支出法进行测算，数据显示，2016年日本由数字化带来的经济规模增长为161万亿日元（约合1.5万亿美元），占当年日本GDP的30%。谷歌、淡马锡和贝恩联合发布的《2019年东南亚数字经济报告》显示，截至2019年年底，东南亚数字经济规模已经突破千亿美元，预计2025年将达到3000亿美元规模。根据中国信息通信研究院的测算，2021年高收入国家数字经济的

GDP占比高于全球平均水平，达52%；从不同经济发展水平国家分组情况来看，发达国家数字经济的GDP占比已达55.7%，高于发展中国家25.9个百分点。①

第三，全球数字经济增速在整体经济增长乏力的背景下实现"逆势上扬"。后金融危机时代特别是疫情时期，全球经济增长乏力，发达国家增速放缓，新兴经济体增长动力不足，然而数字经济却持续高速增长，为缓解经济下行压力、带动全球经济复苏作出了重要贡献。经测算，2021年全球数字经济平均名义增速为15.6%，高于同期全球GDP名义增速2.5个百分点。从不同收入水平国家分组情况来看，中高收入国家数字经济增速为23.2%，超过高收入国家和中低收入国家水平；从不同经济发展水平国家分组情况来看，发展中国家数字经济同比增长22.3%，超过发达国家9.1个百分点。

第四，产业数字化代表融合渗透已经成为数字经济的关键组成部分。2021年全球产业数字化占数字经济比重达到85%，占全球GDP比重为38.2%，产业数字化成为驱动全球数字经济发展的主导力量。从分组情况看，收入水平越高的国家产业数字化占比越高，高收入国家产业数字化占数字经济比重达85.9%；经济发展水平越高的国家产业数字化占比越高，发达国家产业数字化占数字经济比重达到86.3%。②

2. 全球数字经济的发展趋势

第一，经济数字化转型正在成为新一轮产业变革的主旋律

---

① 中国信息通信研究院：《全球数字经济白皮书（2022年）》，2022年12月，http://www.caict.ac.cn/english/research/whitepapers/202303/P020230316619916462600.pdf.

② 中国信息通信研究院：《全球数字经济白皮书（2022年）》，2022年12月，http://www.caict.ac.cn/english/research/whitepapers/202303/P020230316619916462600.pdf.

和大趋势。一是可数字化的要素资源加速互联。通信网络的升级、软件系统的推广、智能终端的普及以及各类传感器的使用,将促进人、机、物的广泛连接,使得产品与生产设备之间、不同的生产设备之间以及数字世界和物理世界之间能够实时连通、相互识别和有效交流。二是数据驱动要素资源配置效率大幅提升。随着万物互联不断深入,几乎所有生产装备、感知设备、联网终端甚至生产者本身源源不断产生数据,数据正成为一种新的资产、资源和生产要素,带动资金、技术、人才等资源要素的优化配置。三是软件正在定义数字孪生世界的规则体系。软件定义本质上就是物理世界运行规律在数字空间的模型化、算法化、代码化、工具化,软件不仅可以定义产品结构和功能,还可以定义生产流程和生产方式,从根本上优化产品服务、业务流程、企业组织和产业生态。四是互联网平台支撑着新型产业生态的构建。互联网平台成为全要素、全产业链和全价值链连接的载体和枢纽,将有利于降低空间和时间对社会生产的限制,提升资源配置、产业分工、价值创造的共享协同水平,构建资源富集、多方参与、创新活跃、高效协同的开放共赢的新的产业生态。五是智能化将成为经济各领域的主要运行模式。人工智能等新技术加速向研发、生产、管理、服务等环节渗透,正在构建一套基于数据自动流动的状态感知、实时分析、科学决策、精准执行的闭环赋能体系,逐步形成从局部向系统再向全局、从单环节向多环节再向全流程、从单企业向产业链再向产业生态的智能运行体系。[1]

第二,数字经济正在成为大国抢占全球竞争制高点的新赛道。新冠疫情给世界经济发展带来深远影响,使全球生产秩序受到较大程度破坏,工厂关停、劳动力短缺、原料供应不足等

---

[1] 张立:《加快产业数字化智能化,抢占竞争制高点》,《瞭望》2020年第47期。

不同程度地影响全球产业正常运行。一些国家政府和企业从安全角度出发对产业链供应链进行调整，长期以来形成的以欧美作为研发中心和消费市场、东亚作为生产基地和制造中心、中东和拉美作为能源和资源输出地的国际"大三角"产业分工格局加速调整，既有国际秩序和多边贸易体制受到挑战，围绕资源、技术、人才、市场等方面的竞争更趋激烈。面对新形势，世界主要发达国家纷纷作出战略部署，并积极采取一系列措施加快产业数字化转型。

第三，中美引领全球数字平台经济发展。从数字平台企业数量来看，美国35家，中国30家，两个国家占据绝对引领地位。46%的数字平台企业位于美国，35%的数字平台企业位于亚洲（主要是中国），18%的数字平台企业位于欧盟，而非洲和拉丁美洲的数字平台企业数量仅占总量的1%。2020年，中、美百亿美元以上数字平台企业数量合计达64家，全球占比84.2%，全球新增的7家数字平台均来自中美。就数字平台规模来看，数字平台经济的集中趋势更为明显。2019年，美国数字平台总价值达6.65万亿美元，占据全球总量的74.1%，中国数字平台总价值为2.02万亿美元，占全球总量的22.5%，而欧盟数字平台企业总价值仅占全球总量的2%。2020年中美数字平台企业总价值之和高达12万亿美元，占据全球总量的96.3%，与2019年相比基本保持不变①。

第四，新冠疫情在加速数字经济发展的同时，也引发对填补数字鸿沟的更多关注。新冠疫情带来的全球危机进一步推进了数字经济发展，并将对全球经济产生持久影响。疫情危机提高了数字解决方案、工具和服务的使用，也加速了全球经济向

---

① 中国信息通信研究院：《平台经济与竞争政策观察（2021年）》，2021年5月，http://www.caict.ac.cn/kxyj/qwfb/ztbg/202105/P020210528594083206416.pdf.

数字化过渡。为遏制新冠病毒传播，越来越多的企业和政府机构将其业务和服务转移到网上，以避免人际接触。随着消费者在疫情期间寻求娱乐、购物、教育、就医等在线需求的增加，数字平台蓬勃发展。简言之，疫情推进了电子商务、在线教育、远程医疗、远程办公等新模式新业态的加速发展，传统产业加快了数字化转型步伐，数字经济成为疫情之下支撑经济发展的重要力量。各国发展的关注重点，逐步从传统土地、人力、机器等要素和投入的数量及质量转变为同时关注数字技术和数字化发展，数字经济成为不少国家实现经济复苏、推动经济转型发展的重要抓手。

需要指出的是，随着经济数字化转型加速，全球数字鸿沟问题也更加凸显。不少发展中国家尤其是最不发达国家，由于缺乏必要基础设施技术条件与人员技能及管理能力，有可能在数字经济发展中被进一步甩在后面。国际社会应对新冠疫情表现出的数字鸿沟及疫情控制能力的差距，显示出世界需要一个多边反应协调机制来应对数字化挑战，帮助最不发达国家尽快缩小和弥合现有以及正在扩大的数字鸿沟，从而更好地分享数字红利。实力较强大的国家在进行数字经济竞赛的同时，需更加注重数字经济包容性发展，帮助落后国家缩小相关领域巨大差距，特别是弥合涉及生命健康领域的数字鸿沟。

（二）全球主要经济体数字经济发展情况

在数字经济规模上，美国位居全球第一；在数字经济增速上，中国和越南先后领跑全球；在数字经济结构上，发达国家在产业数字化渗透上遥遥领先。

首先，数字经济规模主要集中于发达经济体。美国数字经济规模位居全球第一，2021年规模达到15.3万亿美元；中国凭借强大的国内市场优势，数字经济体量位居全球第二，规模为

7.1万亿美元；德国、日本位列第三、第四，数字经济规模超过2万亿美元；英国、法国位列第五、第六，数字经济规模超过1万亿美元。韩国、印度、加拿大、墨西哥、巴西、俄罗斯、新加坡、印度尼西亚、比利时等17个国家数字经济规模介于1000亿美元至1万亿美元之间，其余国家数字经济规模不足1000亿美元。整体来看，全球数字经济规模国别分化较大，具有一定头部效应，排名前五的国家数字经济规模占前十的经济体数字经济总量的88.4%，排名前十的国家数字经济规模在前30个经济体数字经济总量中占比高达90.2%。

其次，各国数字经济占本国GDP比重持续提升，数字经济发展较为领先的国家数字经济占本国GDP比重超过60%。2019年，德国、英国、美国数字经济占本国GDP比重排名前三，占比分别为63.4%、62.3%和61.0%，而到2021年这三个国家的数字经济占GDP比重均超过65%。韩国、日本、爱尔兰、法国位列第四至第七，从2019年的40%以上提升到2021年的45%以上，新加坡、中国、芬兰、墨西哥位列第八至第十一，占比为30%—45%。

再次，各国数字经济实现强劲增长，中国和越南数字经济增长先后领跑全球。由于疫情后经济反弹加上2020年的低基数效应，2021年主要国家经济增长出现明显回升，美国和欧元区分别实现5.7%和5.3%的强劲增长，日本经济增长相对较低，实现了1.7%的恢复性增长，而中国经济则实现了8.1%的高速增长。在经济恢复过程中，数字经济成为经济增长的动力和亮点，主要国家数字经济均实现了显著增长。中国近年来从中央到地方大力发展数字经济，数字产业化加速创新、产业数字化深入推进，数字经济增长动力强劲，增速为全球第五，高达31.8%。而越南虽然经济增速只有2.6%，数字经济却实现了39.5%的增速，反超中国并领跑全球。此外，印度、加拿大、俄罗斯、英国的数字经济增速均超过20%，澳大利亚、韩国、德国、巴西、美国的数字经济增速均超过10%。

最后,从产业渗透率来看,德国、英国、美国产业数字化转型水平总体显著高于其他国家。在第一产业数字化方面,英国数字经济渗透率最高,超过30%。此外,德国、韩国、中国等国渗透率也相对较高。在第二产业数字化方面,德国、韩国最高,数字经济渗透率超过40%。此外,美国、英国、日本等国渗透率也相对较高。在第三产业数字化方面,英国、德国、美国居于前三位,数字经济渗透率超过60%。[①]

(三) 非洲数字经济在全球格局中的位置

与其他几大洲相比,非洲在数字经济发展上存在差距,数字鸿沟较为明显。非洲不仅数字经济占国民经济比重相对较低,在互联网基础设施建设方面与世界其他国家和地区也存在不小差距,其5G网络发展刚刚开始,在电子支付、数字治理和区域贸易协定等方面也相对落后。非洲在数据本地化存储与数据规则制定上处于相对弱势,导致数字主权不独立。非洲正在积极争取获得更大的数字经济主权,包括更多的非洲政府、企业将原本存储在欧美的数据迁移回国,在国际数字治理议题上努力让世界听到"非洲声音"。非洲数字经济虽然落后,但是正在积极部署自身的数字经济发展规划,国际组织也在围绕弥补非洲数字鸿沟发起倡议并提供帮助。在自身努力和外部帮助下,非洲数字经济正在进行追赶。

1. 非洲的数字经济鸿沟

与其他地区相比,非洲国家在互联网环境上的差距较大,

---

① 中国信息通信研究院:《全球数字经济白皮书 (2022年)》,2022年12月,http://www.caict.ac.cn/english/research/whitepapers/202303/P020230316619916462600.pdf。

数字鸿沟显著。第一，数字经济占国民经济比重相对较低。根据尼日利亚 Endeavour Nigeria 公司的报告，2021 年非洲数字经济规模为 1150 亿美元。① 根据中国信息通信研究院的数据，从各大洲数字经济在国民经济中的地位来看，2020 年，美洲数字经济占 GDP 比重最高，数字经济占 GDP 比重为 58.6%；欧洲位居第二，数字经济占 GDP 比重为 40.9%；亚洲紧随其后，数字经济占 GDP 比重为 34.8%；大洋洲和非洲水平较为接近，占比分别为 19.6% 和 19.1%。②

第二，目前非洲数字经济尤其是互联网基础设施建设与世界其他国家和地区还存在不小差距。Endeavour Nigeria 公司的报告显示，非洲个人互联网使用率为 33%，而全球平均水平为 63%；非洲活跃的宽带用户占比为 41%，而全球这一比例为 83%；非洲移动网络覆盖人口比例为 89%，而全球这一比例为 95%；非洲移动电话普及率为 83%，而全球平均水平为 110%；非洲固定宽带普及率为 1%，而全球平均水平为 17%。

第三，5G 网络发展刚刚开始，其网络部署和商业化仍处于初期阶段。2020 年，非洲地区第一个 5G 网络由电信运营商 Vodacom 和 MTN 推出，非洲 5G 时代的序幕方才拉开，通信依然以 3G 和 4G 为主。在过去五年里，非洲的移动运营商投资了近 450 亿美元，主要用于部署和扩大 4G 而非 5G 网络。在非洲，消费者和企业对 5G 的需求或者说接受度并不高。调查数据显示，首先，成本（包括设备和关税）是影响非洲消费者接受和使用 5G 服务的最大障碍。其次，27% 的受访者认为网络覆盖率

---

① 中国驻尼日利亚联邦共和国大使馆经济商务处：《数字经济将为非洲带来新机会》，中国商务部网站，2022 年 6 月 24 日，http://nigeria.mofcom.gov.cn/article/jmxw/202206/20220603321813.shtml.

② 中国信息通信研究院：《全球数字经济新图景——疫情冲击下的复苏新曙光》，2021 年 8 月，http://www.caict.ac.cn/kxyj/qwfb/bps/202108/t20210802_381484.htm.

是重要的因素之一。22%的受访者表示应用场景和应用程序也是影响他们选择5G网络的原因。14%的受访者表示对上一代产品满意（3G/4G网络），因此没有使用5G网络。对于影响运营商使用5G网络的原因，认为企业对5G网络的了解不充分、5G网络覆盖有限、场景和应用程序未验证的运营商各占29%，而认为员工技术能力不足的运营商占12%。①

第四，非洲电子支付相对落后。根据Endeavor Nigeria的报告，非洲在数字经济领域表现亮眼的五个行业有：金融服务、商业、物流运输、医疗保健和教育。非洲的金融服务价值超过1650亿美元，而且还在增长，但大多数非洲市场的银行基础设施落后，导致非洲无银行账户人口比例很高，大量的交易还是通过现金而非电子支付来完成。

第五，互联网费用高昂阻碍了互联网在非洲的使用。《2022年全球移动通信价格报告》对233个国家和地区进行的调查结果显示，在全球购买移动数据最昂贵的10个国家中，有5个在撒哈拉以南的非洲地区。这些国家移动数据非常昂贵，1GB的费用至少为10美元，是世界上互联网费用最便宜的以色列的250倍。这阻碍了非洲当地经济和就业机会的增长。全球移动通信系统协会（GSMA）发布的《2021年非洲移动互联网状况报告》显示，在拥有移动宽带网络的非洲地区，超过5亿人（占非洲总人口的53%）由于数据成本高昂而无法连接互联网。②

第六，虽然撒哈拉以南非洲地区正在加速迈向数字化，然而各国在数字治理和区域贸易协定方面与其他地区的发展差距

---

① 全球移动通信系统协会（GSMA）：《2022年撒哈拉以南非洲移动经济报告》，中华人民共和国商务部西亚非洲司网站，2023年2月3日，http://xyf.mofcom.gov.cn/article/zb/202302/20230203382360.shtml.

② 中国驻南苏丹共和国大使馆经济商务处：《昂贵的互联网费用阻碍非洲数字经济发展》，中国商务部网站，2022年8月1日，http://nsd.mofcom.gov.cn/article/ztdy/202208/20220803337680.shtml.

仍然较大。国家数字化战略作为一项政策框架，旨在加强数字治理，如知识产权保护、数据安全等。数字化战略应与数字立法齐头并进，否则就难以促进安全、可持续的数字化增长。随着全球数字化程度加深、贸易互联互通，撒哈拉以南非洲国家数字战略的缺乏和贸易框架中数字条款的缺乏很可能限制非洲的数字转型。在知识产权保护、数据保护和网络安全三个关键方面的欠缺将会降低非洲地区竞争力，并影响该地区的安全和贸易发展。根据经济合作发展组织（OECD）的数据，截至2021年，仅有28个非洲国家拥有全面的个人数据保护立法，11个国家通过了针对网络犯罪的实体法。数字战略和相关立法的缺乏导致了严重的安全问题。[①]

2. 非洲的数字经济主权

非洲在数据本地化存储与数据规则制定上处于相对弱势。一方面，很多数据都托管在非洲以外，包括银行、石油天然气集团和政府的数据。数据在境外不仅加大了外泄风险，还大大降低了网络效率。例如，由于数据中心位于伦敦，南非的数据需要从约翰内斯堡到伦敦再回到约翰内斯堡，需要耗时160—170毫秒。这对于云计算或流媒体等互联网资源的大量使用来说，不仅速度太慢，成本也较高。另一方面，贸易协定是围绕技术性贸易壁垒、关税和其他贸易限制等问题的规范和规定，对于个人及政府的数据和财产权保护至关重要。然而，非洲许多此类贸易协议在涉及知识产权保护、数字隐私和网络安全等数字问题时都忽略了细节。美国战略与国际研究中心（CSIS）研究了非洲大陆关键贸易协定——《非洲大陆自由贸易协定》、

[①] Judd Devermont and Marielle Harris, "Digital Africa: Leveling Up through Governance and Trade," CSIS, June 9, 2021, https://www.csis.org/analysis/digital-africa-leveling-through-governance-and-trade.

英国—加纳《临时贸易伙伴协定》、英国—肯尼亚《经济伙伴协定》、欧盟—东非共同体（EU-EAC）《经济伙伴协定》《科托努协定》，以及美国—肯尼亚《自由贸易协定（FTA）》，发现只有一半包含关于知识产权保护的模糊或笼统条款，没有一项协定包括数据保护或网络安全条款。[1]

非洲正在积极争取获得更大的数字经济主权，包括更多非洲政府机构、国有企业等将原本存储在欧美的数据迁移回国，在国际数字治理议题上努力让世界听到"非洲声音"。非洲国家要求在数字贸易、数据跨境自由流动及数据本地化上保有一定的政策执行余地（Policy Space）。南非认为WTO倡议中跨境数据流动自由化的规则是反发展的（Anti-Development），且妨碍本地企业发展，主张拥有较为灵活的数据本地化措施，在采取数据保护措施上具有一定自主权，以抵御发达国家对本国数字产业的侵蚀。塞内加尔推出了"塞内加尔数字2025"计划，将推动国家数据中心建设，以便为本国公私部门提供强力技术支撑，确保本国数字主权。[2]

3. 非洲的数字经济追赶

非洲数字经济虽然落后，但是也说明存在很大发展空间。非洲正在积极部署自身的数字经济发展规划，国际组织也在围绕弥补非洲数字鸿沟发起倡议并提供帮助。非洲数字经济正在进行追赶。

---

[1] Judd Devermont and Marielle Harris, "Digital Africa: Leveling Up through Governance and Trade," CSIS, June 9, 2021, https://www.csis.org/analysis/digital-africa-leveling-through-governance-and-trade.

[2] 中国驻塞内加尔共和国大使馆经济商务处：《萨勒总统与肖晗大使共同出席塞内加尔国家数据中心启用仪式》，中华人民共和国商务部网站，2021年6月24日，http://senegal.mofcom.gov.cn/article/c/202106/20210603162756.shtml.

非盟制订了《非洲数字化转型战略（2020—2030）》，计划到2030年，在非洲建立一个安全的数字单一市场，确保人员、服务和资本的自由流动，个人和企业可以无缝接入并参与非洲大陆自贸区的在线活动。非洲正在为实现这一战略目标持续努力。非洲大陆的互联网升级换代也在加速推进，预计到2025年，将有约65%的非洲人可以连接移动互联网。随着非洲大陆电子商务的持续扩张，到2025年，数字经济有望为非洲国内生产总值贡献1800亿美元。① 到2050年将超过7120亿美元。②

世界银行指出，到2030年南部非洲对数字技能岗位的需求将高达2.3亿个。在非洲中部和西部地区，只有平均不到4%的中学生会选择进入技术和职业培训机构学习，当地80%—90%的青年仍在通过传统学徒制学习技术和职业技能。巨大的市场需求呼唤更多的数字技术人才。非洲开发银行推出促进非洲青年就业项目，向大学和培训中心提供计算机及其他网络设备，并与技术公司合作，以提升青年群体的工作技能与沟通能力，增加就业机会。

新冠疫情的暴发加快了非洲数字经济追赶步伐。在新冠疫情期间，在线教育成为主流。根据IMARC集团的数据，非洲教育科技的市场价值在2021年达到24.7亿美元，到2027年将达到47.1亿美元。IMARC认为，由于课堂教学无法满足对优质教育日益增长的需求，在线学习对非洲地区而言至关重要。移动服务可以解决远程距离和教师资源稀缺的问题。2021年11月，

---

① 王传宝：《非洲国家努力弥合"数字鸿沟"》，光明网，2022年6月10日，https://m.gmw.cn/baijia/2022-06/10/1302989538.html.
② 中国驻尼日利亚联邦共和国大使馆经济商务处：《数字经济将为非洲带来新机会》，中国商务部网站，2022年6月24日，http://nigeria.mofcom.gov.cn/article/jmxw/202206/20220603321813.shtml.

英国电信运营商 Airtel Africa[①]和联合国儿童基金会宣布建立为期五年的泛非洲伙伴关系，通过为学校提供网络服务，帮助乍得、加蓬、肯尼亚等 13 个国家建设与连接可免费使用的学习平台，加速线上学习的推广。

非洲多国政府正在通过发布国家战略政策、强化地区合作等方式持续加大政策支持力度，助推人工智能产业发展，推动地区数字化转型。毛里求斯在 2018 年发布国家人工智能战略，是非洲大陆最早发布相关战略的国家。毛里求斯政府侧重应用人工智能支持海洋经济发展，成立人工智能委员会，负责指导和监管人工智能生态系统。肯尼亚在 2019 年发布国家人工智能战略，将人工智能和区块链视为关键技术，给予支持。尼日利亚在 2019 年 11 月发布《2020—2030 年国家数字经济政策和战略》，并创建国家人工智能和机器人中心。埃及政府重点关注人工智能领域的人才培养和科研创新，成立国家人工智能委员会以及旨在促进区域合作的非洲人工智能工作组。尼日利亚非政府组织"数据科学"致力于在非洲农村普及人工智能和数据科学教育，目标是培训 100 万人工智能从业人员。与此同时，非洲国家不断强化地区合作，共同发展人工智能技术。南非作为非洲数字经济的先行者，于 2019 年成立了第四次工业革命总统委员会，参与制定"泛非人工智能非洲蓝图"规划，该规划源于智慧非洲联盟提出的"智慧非洲"计划。2022 年 5 月，旨在制定非洲大陆人工智能战略的专家会议在塞内加尔举行，意在推动非洲国家制定和实施相关政策，完善人工智能技术和数据的监管制度，计划于 2023 年第一季度启动。[②]

---

① 该公司在非洲 14 个国家（主要是东非、中非和西非）提供电信和移动货币服务。

② 黄培昭、沈小晓：《非洲加速发展人工智能产业》，《人民日报》2022 年 10 月 25 日。

（四）欧美日数字经济发展新特征及对非合作新动向

欧美正在加快布局推动数字经济发展，不仅争夺国际数字经济规则制定权，还以半导体产业为核心，强化研发支持和产业链安全。与此同时，欧美出于自身区域战略考量，发挥自身在数字经济硬件和软件上的优势，一方面加强与非洲的数字经济基础设施合作，另一方面继续争夺非洲数字主权，并大力在非洲推广自身数字规制。

1. 欧美日数字经济发展新特征

第一，数字经济正在成为大国抢占全球竞争制高点的新赛道。美国依托自身在全球信息技术产业发展中的领先地位，在帮扶本国企业加快数字化智能化转型的同时，阻挠别国数字化智能化能力升级的努力。德国围绕"数字战略2025"的实施，将工业4.0平台、未来产业联盟、重新利用网络、数字化技术、可信赖的云、数据服务平台、中小企业数字化、创客竞赛、信息技术安全等作为重点发展领域。英国在其《英国数字战略》中计划通过数字化弹射器（Digital Catapult）项目共享最佳实践并提供商业培训"训练营"，从而帮助英国各早期数字化企业顺利发展。澳大利亚推出工业4.0 Test labs，为企业和研究人员提供空间共同试用工业4.0技术。日本于2018年发布《第二期战略性创新推进计划（SIP）》，着重推进大数据和人工智能技术在自动驾驶、生物技术、医疗、物流方面的应用，旨在推动科技从基础研究到实际应用的转化、解决国民生活的重要问题以及提升日本经济水平和工业综合能力。这些都体现了发达国家打造数字经济时代背景下国家竞争新优势的意图与举措。

第二，以半导体产业为核心，强化研发支持和产业链安全。2022年2月，欧盟推出《欧洲芯片法案》，提出到2030年，欧盟拟动用超过430亿欧元的公共和私有资金，支持芯片生产、试点项目和初创企业，并大力建设大型芯片制造厂。欧盟在法案中还提出了一项雄心勃勃的目标，即到2030年将芯片产量占全球的份额从目前的10%提高至20%。2022年8月，美国推出《2022年芯片和科学法案》，计划为美国半导体产业提供高达527亿美元的政府补贴，以迅速增加半导体产量，加强研究和设计领导地位，使美国在世界舞台上更具竞争优势。日本政府也计划斥资700亿日元扶持国产半导体。[1]

第三，抢占数据国际规则制定权。数据跨境流动已成大势所趋，各国纷纷针对本国国情制定适当的数据跨境流动方案。数据大规模的跨境传输不可避免，多国通过国内立法、签署国际协定的方式确立数据跨境流动规则。如欧盟发布《通用数据保护条例》，美国以维护数字发展优势为主旨，设置《澄清境外数据的合法使用法案》，日本以跨境数据流动政策灵活性为主导，在国内立法形式上采取更为弹性化的政策，在国际上全面加强与欧美两大跨境数据流动监管框架对接，并积极推动跨境数据自由流动规则构建。作为全球数字经济最发达的国家，美国是数据自由跨境流动的最大受益者，其积极推动数据跨境流动规则全球化。自奥巴马时期起，美国就持续针对"数据的自由流动"加快战略布局。虽然特朗普上台后主张以诸边模式代替多边机制，中断了奥巴马政府的总体战略布局，但就数据跨境流动和禁止数据本地化而言，特朗普政府态度更加强硬，采取的措施更加激进。数字经济时代，科技企业可以借助互联网在不设置物理实体的情况下开展跨国业务，并采取越来越高明

---

[1] 方晓：《日本政府斥700亿日元扶持国产半导体，将面临两大挑战》，澎湃新闻网，2022年12月6日，https://m.thepaper.cn/renmin_prom.jsp?contid=21046341.

的避税手段,这为税收监管带来了新的挑战。同时,国际上领先的科技巨头大部分为美国企业,他们在欧洲拥有庞大的业务,却极少在本地纳税。因此,以欧洲为首的多个地区积极探索"数字税"改革。数字税旨在改变传统税收规则中的"常设机构"原则,并对线上广告、数字中介服务、售卖用户数据等活动征税,以解决数字经济时代的税收流失问题。2019年,以法国为代表的大量国家开始制定和执行单边的数字税方案,引起了美国的强烈反制,使数字税成为数字经济领域国际博弈的焦点。

2. 欧美日对非数字经济合作新动向

第一,加强与非洲的数字经济基础设施合作。美国大力在非洲布局互联网、数字基础设施和创新创业公司。美国贸易发展署于2019年6月启动"联通非洲"计划,旨在与非方政企机构在光纤骨干网络、数据中心、偏远地区网络覆盖、智慧城市和网络安全领域加强合作。该计划得到美国主要数字企业支持和参与,这些企业纷纷将项目落地非洲。谷歌、微软、IBM等已在非设立分支机构,并深度参与非洲数字基础设施,在电信运营商、数据中心、宽带网络等领域进行巨额投资。欧洲也不甘示弱。2022年2月,欧盟宣布了1500亿欧元(约合1697亿美元)的"全球门户欧非一揽子投资计划"(Global Gateway Africa-Europe Investment Package),将为非洲大陆的数字化转型、可再生能源、生物多样性、农业和粮食生产、气候变化倡议、教育、流动性等提供资金。作为一揽子计划的一部分,欧盟计划在未来两年通过1.6亿欧元(约合1.8亿美元)的赠款和6.6亿欧元(约合7.5亿美元)的贷款,为尼日利亚的数字化转型投资至少8.2亿欧元(约合9.3亿美元)。该计划旨在帮助加强安全连接(secure connectivity),推动公共服务数字化,支持创业和培养数字技能,为技术发展打造以人为本的民主治理框架

（democratic governance framework）。①

第二，争夺非洲数字主权。如前所述，非洲正在努力将数据存储从欧美转移到国内，但欧美并不想轻易放弃对非洲数字主权的控制。美国以援助、投资、收购等方式大力参与非洲数据中心、光缆网络和卫星系统建设，逐步获取非洲数据中心控制权。②欧盟很早就认识到数字主权的重要性，并将自己定位为未来数字经济的全球领导者，同样不想放弃对非洲数字主权的控制。欧盟选择和美国结成盟友，通过限制中国在非洲的数字经济基础设施建设尤其是数据中心建设，来限制中国对非洲数字经济的参与，并通过推广自身基础设施来争夺非洲的数字经济主权。拜登上台后，欧盟提出建立"欧盟—美国贸易和技术委员会"（EU-US Trade and Technology Council），以共同应对中国在数字领域的崛起。

第三，在非洲推广自身数字规制。在数字化转型中，与基础设施同样重要的还有数据使用规则和标准，它规定了互联网基础设施的工作方式、数字内容的使用方式以及移动设备的通信方式。欧盟在数字经济上的重要部署是重视主导数字规则的制定，其在对非洲的数字经济合作上也如此。在非洲推广欧盟数字标准、与非洲建立"数字联盟"是欧盟数字战略的一部分。2019年6月，欧盟—非盟数字经济工作组（EU-AU digital economy task force）发布了"新非洲—欧洲数字经济伙伴关系"（New Africa-Europe Digital Economy Partnership），倡导"在电信、数字经济、数据保护和隐私、创业公司、电子商务和电子政务等领域制定政策和法规"。

---

① 《欧盟宣布大手笔1500亿欧元"全球门户欧非一揽子投资计划"》，2022年2月16日，http://www.52hrtt.com/ar/n/w/info/A1644905214513.

② 陈小宁：《美国发展数字合作，挤压中国空间》，《世界知识》2022年第9期。

二　非洲数字经济的现状调查

信息通信技术（ICT）在非洲欠发达国家起步晚、发展慢、水平低，直到20世纪90年代，非洲等发展中国家与欧美等发达国家之间明显的数字鸿沟开始受到关注，非洲国家开始着手推动信息技术的发展和经济社会转型。1995年，联合国非洲经济委员会（UNECA）主持召开的第21次非洲部长会议通过了名为《建设非洲信息高速公路》的第795号决议，并于1996年在非洲部长会议上通过了《非洲信息社会倡议》（AISI），成为有关ICT发展最早的泛非倡议。[①] 由此，非洲国家开始关注并建设"国家信息通信基础设施"（NICI）。2005年，非盟通过了《非洲科学技术强化行动方案》，提出在非洲建立ICT研究体系以促进ICT领域的技术创新。2013年，首届"转型非洲峰会"召开并通过了"智慧非洲宣言"，提出建立"智慧非洲联盟"，强调"将ICT置于各国社会经济发展核心地位"。随着移动网络的迅速普及和信息技术的快速发展，非洲正积极融入全球数字经济发展大潮，不断完善数字基础设施建设，数字产业化和产业数字化步伐进一步加快。

（一）非洲整体情况

非洲整体经济较为落后，尤其是2014年以后受世界经济

---

① United Nations Economic Commission for Africa (UNECA), *The African Information Society Initiative (AISI): A Decade's Perspective*, 2008.

疲软态势影响，非洲经济增速放缓，虽然部分非洲国家开始依托数字技术为经济发展注入新动能，但由于数字经济基础薄弱、数字基础设施不足、数字人才匮乏等原因，与世界其他地区尤其是欧美、亚洲的国家相比，数字经济发展相对滞后。根据中国信息通信研究院2021年发布的《全球数字经济白皮书（2021年）》，与世界其他大洲国家相比，非洲整体数字经济发展水平较低。2020年非洲数字经济规模为576亿美元，受新冠疫情影响同比下降10.7%，规模仅占全球的0.2%，而同期其他各大洲的数字经济规模是同比增长的；数字产业占GDP比重为19.1%，远低于美洲（58.6%）、欧洲（40.9%）和亚洲（34.8%）。其中，数字产业化规模为83亿美元，占数字经济的14%，产业数字化规模为493亿美元，占数字经济的85.5%。[①]

非洲次区域之间经济发展不平衡问题突出，这种不平衡性在数字经济领域尤为明显，部分非洲欠发达国家数字经济甚至尚未起步。非洲数字经济发展情况存在区域差异性，巨大的发展潜力亟待挖掘。本报告采用国际货币基金组织（IMF）、贸发会议等国际组织的口径，将非洲划分为北非、西非、南非、东非和中非五个次区域（见表2-1）。北部非洲数字经济基础水平较高，南部非洲虽然起步较晚，但近年来数字经济发展速度较快、潜力较大，东部非洲处于发展中游，西部非洲和中部非洲是数字经济发展最为落后的地区，尤以中部非洲为甚。总的来说，非洲内部数字经济发展呈现出以下三个特征。

---

① 《全球数字经济白皮书——疫情冲击下的复苏新曙光》，中国信息通信研究院，2021年8月，http://www.caict.ac.cn/kxyj/qwfb/bps/202108/t20210802_381484.htm.

表 2-1　　　　　　　　非洲国家分区空间范围

	主要国家
北非	埃及、利比亚、突尼斯、阿尔及利亚、摩洛哥、苏丹、西撒哈拉
西非	尼日利亚、贝宁、加纳、多哥、科特迪瓦、利比里亚、塞拉利昂、几内亚、几内亚比绍、塞内加尔、冈比亚、毛里塔尼亚、马里、尼日尔、佛得角、布基纳法索
南非	博茨瓦纳、纳米比亚、南非、斯威士兰、莱索托
东非	厄立特里亚、埃塞俄比亚、南苏丹、吉布提、索马里、肯尼亚、乌干达、卢旺达、布隆迪、坦桑尼亚、赞比亚、津巴布韦、马拉维、莫桑比克、马达加斯加、塞舌尔、毛里求斯、科摩罗
中非	安哥拉、刚果（布）、刚果（金）、赤道几内亚、加蓬、中非共和国、乍得、喀麦隆、圣多美和普林西比

1. 移动网络和宽带连接迅速普及，但数字基础设施建设仍相对落后

近年来，非洲国家注重在信息网络技术领域加强国际合作，3G 网络已基本覆盖非洲大部分国家的城市。同时，大量廉价智能手机进入市场、上网费用下调及非洲年轻用户群体需求增加等因素，加速了非洲数字基础设施的布局与应用速度，进而推动非洲电子商务和移动支付业务的快速发展。如图 2-1 所示，2005—2021 年，非洲移动电话和互联网用户数持续上升，每百人互联网用户数从 2005 年的 2.1 户增长到 2021 年的 32.8 户，翻了近四番。尤其是移动和智能终端发展迅速，每百人拥有的移动电话从 2005 年的 12.4 部快速增长到 2021 年的 83.7 部。据全球移动通信系统协会的报告显示，撒哈拉以南非洲地区是全球通信行业发展最快的地区，截至 2020 年年底移动用户数量超过 4.7 亿，移动技术和服务业增加值占撒哈拉以南非洲地区 GDP 的 9%，贡献产值超 1550 亿美元，为社会提供了近 400 万个直接和间接就业机会。

尽管如此，非洲数字基础设施建设仍然滞后于数字经济发展需求，整体水平低于世界平均水平，与世界其他大洲的国家相

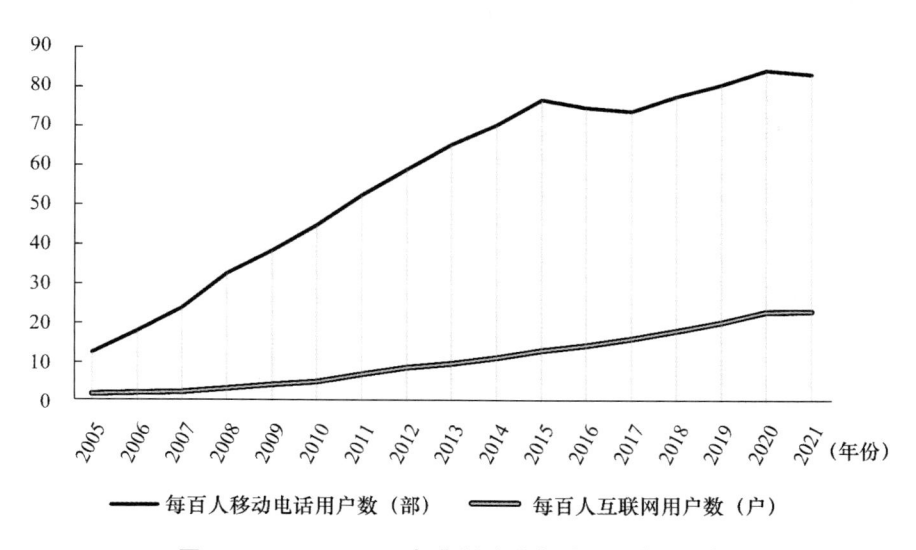

图 2-1　2005—2021 年非洲移动电话和互联网用户数

资料来源：ITU World Telecommunication/ICT Indicators database.

比还有较大差距。由于非洲各国在经济基础、资源禀赋、开放程度、社会福利等方面存在较大差异，工业化水平参差不齐，数字基础设施对非洲数字经济的支撑能力捉襟见肘，网络覆盖率不高，通信网络基础设施的迭代发展后劲不足。联合国国际电信联盟（ITU）统计数据显示，与世界其他地区相比，非洲的互联网覆盖、移动网络覆盖和移动电话覆盖率均处于最低水平，是全球的"洼地"，而非洲乡村地区的移动网络和互联网覆盖率则更低（见图 2-2、表 2-2）。网络使用资费高、数据流量受限是造成网络覆盖率较低的重要原因。国际上通行的互联网可负担能力标准是 1GB 数据成本不超过国民人均月收入的 2%，而非洲的这一比例目前高达 8.76%，远高于拉丁美洲（3.5%）和亚洲（1.54%）。[①] 非洲大约一半的国家只提供入门级固定宽带速度，

---

① Joret Olivier, "A 23-Trillion-Dollar Question: How Should Africa Tap into the Digital Economy Opportunity?" *China Investment*, May 20, 2020.

在 256Kbps 到 2Mbps 之间，大大降低了互联网接入的有效性。①疫情期间，远程办公对网络流量和连接量的需求大增，而非洲流量太贵、网速太慢等多重因素严重制约了线上经济的发展，使得数字基础设施建设滞后于数字经济发展需求的困境更加凸显。

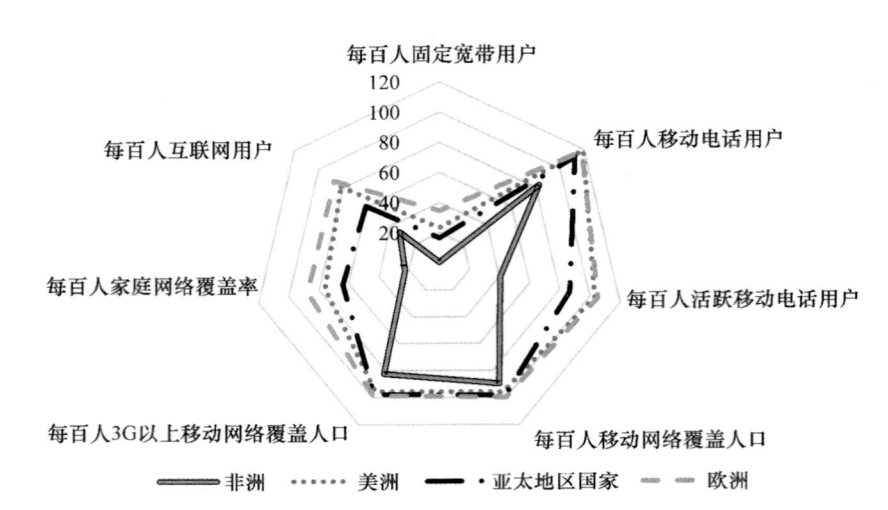

图 2-2　2021 年世界不同地区信息通信基础设施数据对比

资料来源：ITU World Telecommunication/ICT Indicators database.

表 2-2　　2021 年世界不同地区移动网络和互联网覆盖情况对比　　（户）

	每百人 3G 以上移动网络覆盖人口数			每百人互联网用户数		
	总体	城市	乡村	总体	城市	乡村
世界平均水平	87.6	97.0	75.3	59.1	75.6	38.8
非洲	82.4	99.5	71.2	29.5	50.2	15.1
美洲	95.5	100.0	74.2	78.8	82.7	59.8
亚太地区	97.6	100.0	94.8	56.2	74.6	39.0
欧洲	98.5	100.0	94.0	84.9	86.8	79.9

资料来源：ITU World Telecommunication/ICT Indicators database.

① International Telecommunication Union, *Digital Trends in Africa 2021—Information and Communication Technology Trends and Developments in the Africa Region 2017 – 2020*, 2021.

在非洲数字基础设施水平整体落后的情况下，不同区域国家间数字基础设施存在较大差距，呈现出显著的不平衡性（见图2-3）。根据联合国贸发会议数据库的数据，非洲各国信息和通信基础设施建设呈现"北高南低，西高东低"的特征。北部非洲整体数字基础设施建设水平较高，尤其是互联网宽带普及程度处于领先地位，每百人宽带连接数为6.61户，每百人互联网用户数为63.85户，均高于其他几个区域；移动网络和移动终端等最新通信科技的使用率不及南部非洲和西部非洲，但也接近每人1部手机。南部非洲区域内，南非的数字基础设施建设处于绝对的领先地位，尤其是在移动网络覆盖、移动用户数和互联网服务器数量方面远高于区域内其他国家甚至绝大多数非洲国家，当除去南非考察南部非洲其他国家的整体水平可以发现（见图2-4），南部非洲整体数字基础设施水平虽然不

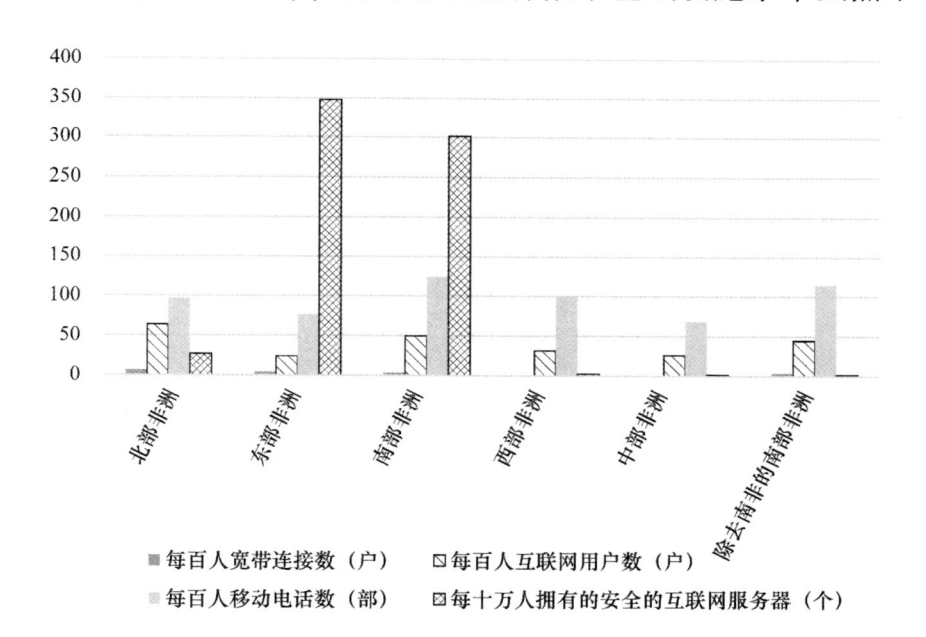

图2-3 2020年非洲不同区域信息和通信基础设施水平

资料来源：UNCTAD 数据库（https://unctadstat.unctad.org/wds/ReportFolders/reportFolders.aspx）。

及北部非洲,但每百人拥有的手机数量仍然是最高的,每人平均拥有 1.15 部手机,说明移动和智能终端在南部非洲发展迅速,具有较大发展潜力。相比之下,西部非洲和东部非洲的数字基础设施建设水平处于非洲中游,其中,西部非洲平均 1 人拥有 0.99 部手机,移动终端普及率也较高。中部非洲的数字基础设施建设是最落后的,每百人宽带连接数、每百人移动电话数和每十万人拥有的安全的互联网服务器数量均最低,极大地限制了其数字经济的发展。

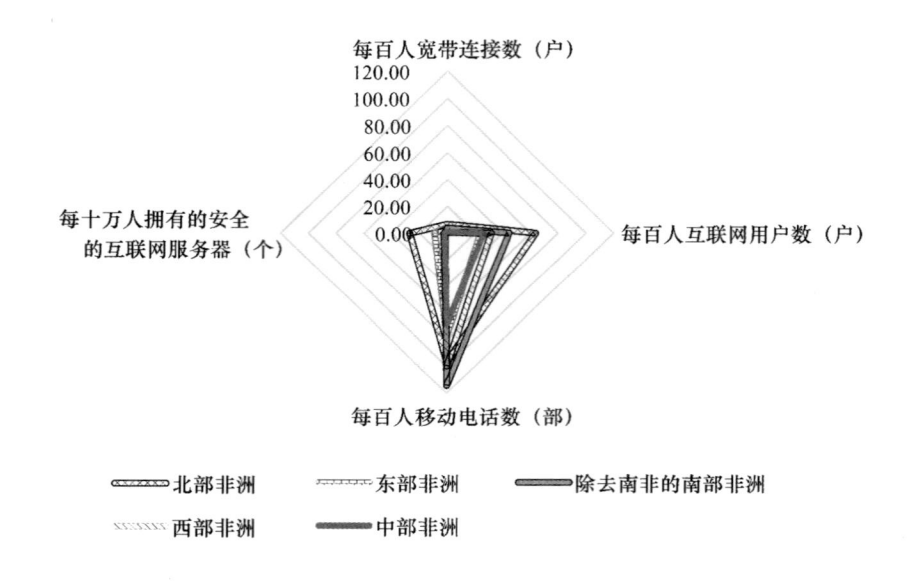

图 2-4　2020 年非洲不同区域信息和通信基础设施水平

资料来源:UNCTAD 数据库(https://unctadstat.unctad.org/wds/ReportFolders/reportFolders.aspx)。

2. 数字产业规模持续扩大,但在全球产业链中不具备竞争优势

整体来看,非洲数字产业生产力不断提高,表现为 ICT 产品贸易额呈总体上升态势,在 2014 年到达一个顶峰,在全球的比重达到 0.22%。2015 年以后,由于全球经济低迷,世界发达经济体在数字经济领域集中发力抢夺数字产业价值链地

位，导致资本短缺、技术研发落后的非洲信息与通信产业受到极大冲击，其 ICT 产品贸易额在全球所占的比重大幅下滑（见图 2-5）。从非洲经济结构和外贸结构来看，2000—2020 年，非洲 ICT 产品出口贸易额占总贸易额的比重很低，在 1% 左右徘徊，2015 年占比最高为 1.12%，与发展中国家的平均水平（6% 左右）相比有很大差距，更是远远低于发达国家 20% 左右的占比（见图 2-6）。同时，非洲 ICT 产品进口贸易额占总贸易额的比重也很低，在 5% 上下浮动，低于发展中国家的平均水平（9% 左右）和发达国家的平均水平（18% 左右）。这说明非洲数字化水平整体较低，数字产业需求一直低迷，尚未成为非洲经济转型发展的支柱产业。从数字经济全球产业链角度来看，非洲仍处于全球数字经济价值链的边缘。根据联合国贸发会议数据，在 ICT 货物贸易领域，2000—2020 年，非洲 ICT 产品进出口贸易总额在全球的占比不足 0.2%，2014 年最高点也不足 0.22%；在 ICT 服务贸易领域，非洲出口总额从

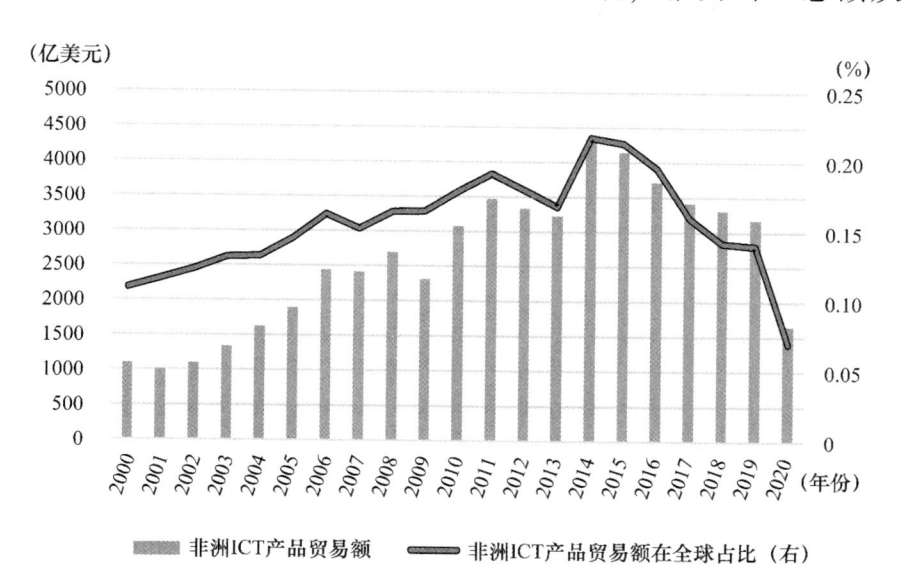

图 2-5 2000—2020 年非洲 ICT 产品贸易额情况

资料来源：UNCTAD 数据库（https://unctadstat.unctad.org/wds/ReportFolders/reportFolders.aspx）。

2005年的2216.08亿美元增至2020年的5961.79亿美元，其中2005—2010年增速较快，2015年以后增速较慢。从服务贸易占比来看，非洲ICT服务贸易出口额占总服务贸易出口额的比例逐步上升，从2005年的3.59%上升到2020年的7.21%；但非洲在全球ICT服务贸易出口额中的占比却呈下滑态势，从2010年的1.67%下降到2020年的0.88%（见表2-3）。这说明非洲自2015年以后服务贸易整体发展后劲不足，受世界其他国家挤压严重，尤其是在全球信息与通信服务贸易产业链和价值链中更是处于低端和边缘地位。服务贸易尤其是数字服务贸易是未来全球经贸发展的新趋势，但非洲目前并没有积累一定的发展优势。

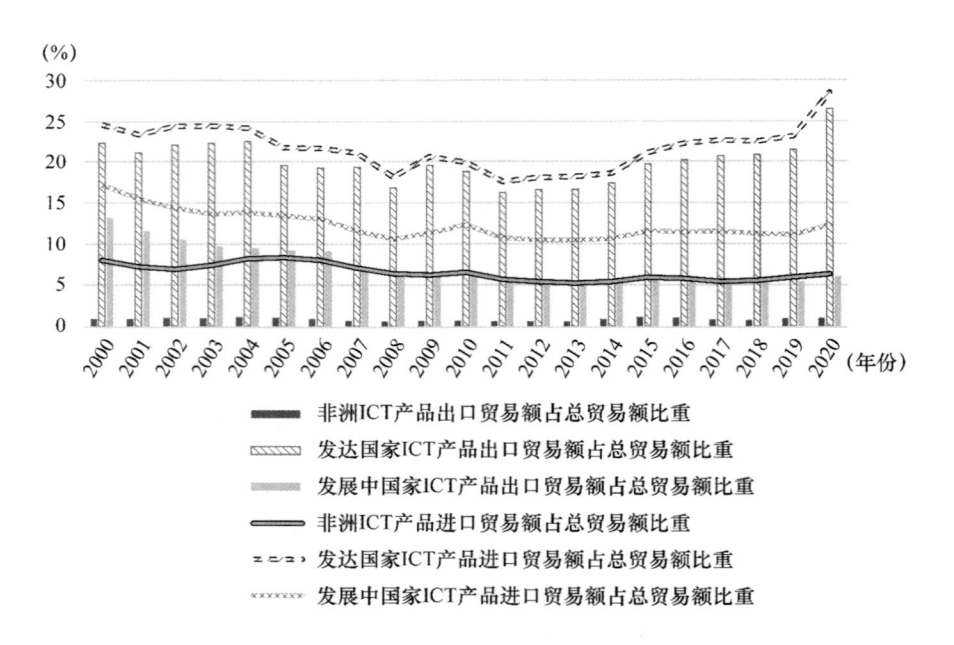

图2-6 非洲、发展中国家和发达国家的ICT产品贸易占比情况

资料来源：UNCTAD数据库（https://unctadstat.unctad.org/wds/ReportFolders/reportFolders.aspx）。

表 2-3　　非洲与发达国家和发展中国家 ICT 服务贸易出口情况

	地区	2005 年	2010 年	2015 年	2020 年
总额 （百万美元）	非洲	2216.08	4926.05	5712.82	5961.79
	发达国家	34655.61	97668.79	133714.64	191933.70
	发展中国家	134832.67	248298.67	319141.68	474100.99
在全球 ICT 服务贸易 出口额中的 占比（%）	非洲	1.31	1.67	1.24	0.88
	发达国家	20.45	28.23	29.53	30.08
	发展中国家	79.55	71.77	70.47	70.11
在本国服务 贸易出口额 中的占比 （%）	非洲	3.59	5.18	6.05	7.21
	发达国家	5.60	7.77	8.93	10.13
	发展中国家	6.52	7.73	9.11	13.25

资料来源：UNCTAD 数据库（https://unctadstat.unctad.org/wds/ReportFolders/reportFolders.aspx）。

信息与通信技术与生产制造端融合不足可能是造成非洲在全球数字经济产业链中处于低端和边缘地位的重要原因。数字经济以数字产业化和产业数字化为两个主要特征趋势，通过人工智能、物联网、大数据、区块链等数字技术创新方式，既对传统产业和日常生活模式进行改进，又催生了在线教育、远程医疗、线上办公、电子商务等新业态，对"生产—流通—消费"等多环节进行重塑。当前，非洲的数字技术应用场景主要是电子商务、移动支付、在线打车和线上学习等消费端场景，尤其是电商平台发展较为迅速。但需要注意的是，数字技术与生产端的融合较为滞后，尤其是数字技术没有充分运用到传统产业的转型升级上，专业强、精度高的生产环节仍然在非洲普遍缺失，工业化与信息化深入融合的数字红利并没有在非洲得到充分释放，这不利于重塑其数字经济竞争力。

在数字产业整体发展欠佳的非洲，内部不同区域数字与产业的融合程度仍有较大差距。北部非洲信息与通信技术产业相对发达，无论是 ICT 货物贸易还是服务贸易，2000—2020 年北部非洲的进出口额在非洲进出口总额中所占的比重都是最高的,几乎超过 50%,尤其是 ICT 服务贸易额,2010 年以后北部非洲在非洲进出口总额中所占的比重都超过了一半;信息与通信产业产品出口额占总出口额的比重在五个区域中基本保持首位,2019 年达到 2.97%,而进口占比在区域内处于中游位置,约为 5%,说明北部非洲的信息与通信技术相对更先进,比非洲其他区域国家更能融入全球数字经济产业链。南部非洲的信息与通信技术较为落后,但市场广阔,数字产业有较大发展潜力。从其贸易总额和结构来看,ICT 货物贸易总额在非洲的占比排名第二,但 ICT 服务贸易发展较为滞后,其总额在非洲的比重从 2005 年开始逐渐减少,从领先西部非洲到被西部非洲赶超;ICT 产品出口额占总出口额的比重在五个区域中基本保持第二位,但也呈现震荡下降的趋势(见图 2-8),而进口占比在区域内一直是最高的,虽然从 2000 年开始呈现下降趋势,但比例仍超过 7%,这说明南部非洲国家对 ICT 产品的需求较大,但国内生产力不足,主要依赖国外进口。其中,南非是南部非洲数字经济较为发达的国家,其 ICT 服务贸易在国际市场具备较强的竞争力,从表 2-4 可以看出,南非一国的 ICT 服务贸易出口额约等于整个南部非洲区域的出口额,占撒哈拉以南非洲国家的比例虽然逐步降低但基本维持在 20% 左右。东部非洲的信息与通信技术产业发展水平在非洲内部处于中游水平,ICT 产品贸易额、ICT 产品进出口贸易额占总进出口额的比重基本都处于第三位,但从 2015 年开始,其 ICT 产品贸易发展不太乐观,出口产品比重从顶峰的 2.2% 大幅下降到 2020 年的 0.2%。ICT 服务业相对更具有竞争优势,ICT 服务贸易出口额占世界服务贸易出口额的比重在非洲地区排第二位,但近年来也呈萎缩趋势。西部非洲和中部非洲属于数字产业最不发达的两个地区,其中中部非洲最为落后,ICT 产品出口贸易额占总出口额的比重不超过 0.05%(见图 2-8),进口贸易额占总进口额的比重也在逐年下降,从 4.19% 下降到 1.99%(见图 2-9),服务贸易出口额占总服务贸易出口额的比重也仅为 1% 左右。

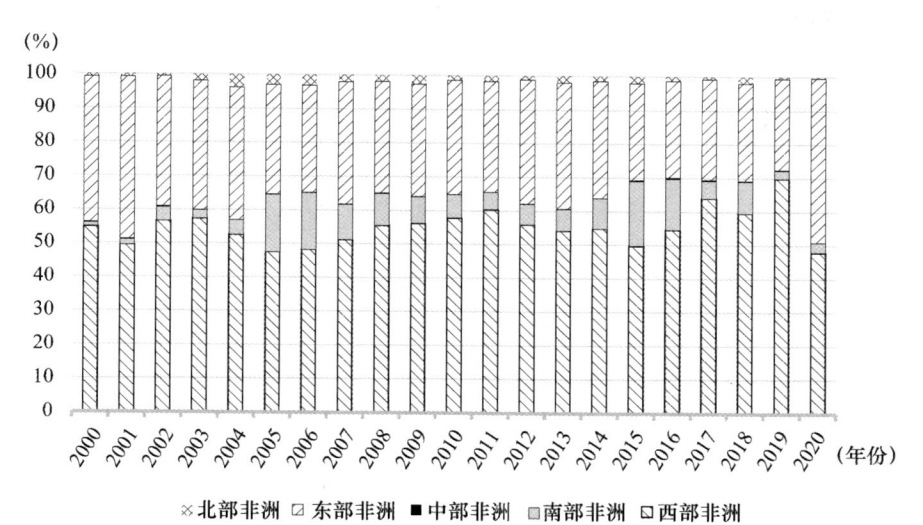

图 2-7 2000—2020 年非洲不同区域 ICT 产品贸易额情况

资料来源：UNCTAD 数据库（https://unctadstat.unctad.org/wds/ReportFolders/reportFolders.aspx）。

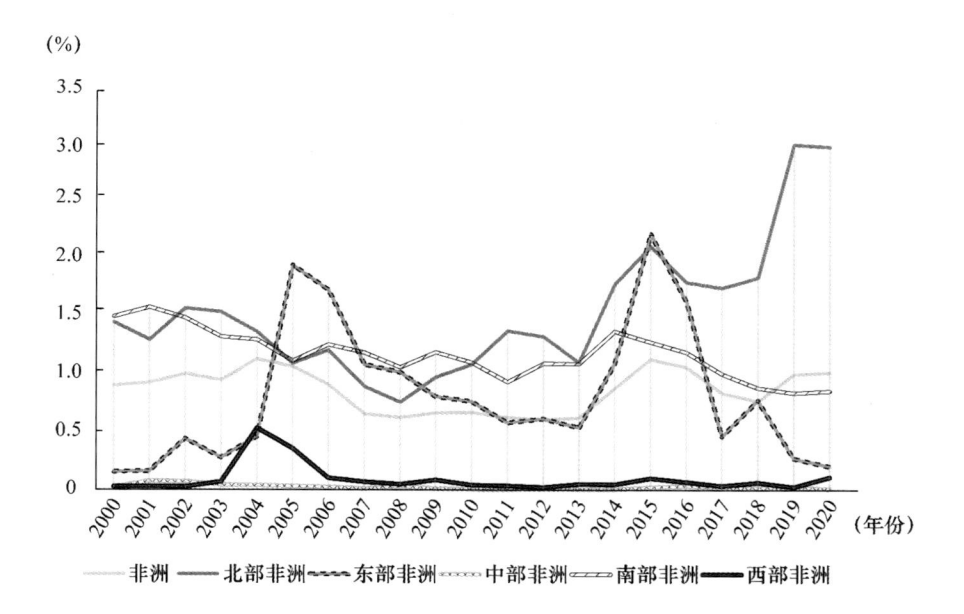

图 2-8 非洲不同区域 ICT 产品出口贸易额占总出口额的比重

资料来源：UNCTAD 数据库（https://unctadstat.unctad.org/wds/ReportFolders/reportFolders.aspx）。

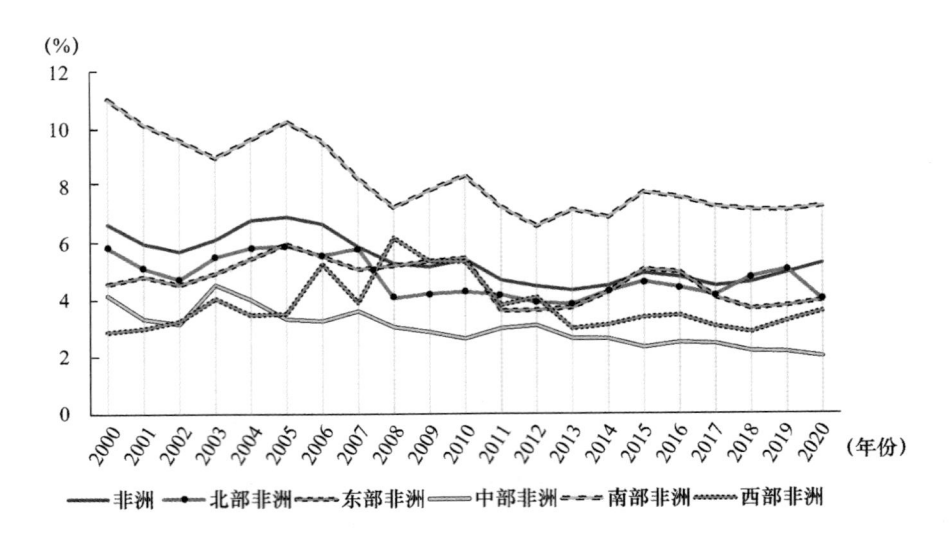

图 2-9 非洲不同区域 ICT 产品进口贸易额占总进口额的比重

资料来源：UNCTAD 数据库（https://unctadstat.unctad.org/wds/ReportFolders/reportFolders.aspx）。

表 2-4　　　　　　非洲不同地区 ICT 服务贸易出口情况

	地区	2005 年	2010 年	2015 年	2020 年
ICT 服务贸易总额（百万美元）	非洲	2216.08	4926.05	5712.82	5961.79
	北部非洲	965.31	2564.35	2864.76	3204.26
	东部非洲	404.93	788.10	1064.77	1086.03
	中部非洲	131.29	321.89	277.36	169.25
	南部非洲	362.57	540.69	641.29	—
	西部非洲	351.99	711.03	895.95	956.35
	撒哈拉以南非洲	1250.77	2361.71	2848.06	2757.53
	除南非外的撒哈拉以南非洲	927.57	1896.55	2272.43	2243.79
	除南非外的非洲	1892.87	4460.90	5137.19	5448.05

续表

	地区	2005年	2010年	2015年	2020年
ICT服务贸易出口额在世界服务贸易出口额中的占比（%）	非洲	1.31	1.67	1.24	0.88
	北部非洲	0.57	0.87	0.62	0.47
	东部非洲	0.24	0.27	0.23	0.16
	中部非洲	0.08	0.11	0.06	0.03
	南部非洲	0.21	0.18	0.16	—
	西部非洲	0.21	0.24	0.19	0.14
	撒哈拉以南非洲	0.74	0.80	0.62	0.41
	除南非外的撒哈拉以南非洲	0.55	0.64	0.49	0.33
	除南非外的非洲	1.12	1.51	1.12	0.81
ICT服务贸易额占服务贸易出口额的比例（%）	非洲	3.59	5.18	6.05	7.21
	北部非洲	3.12	5.31	7.69	8.97
	东部非洲	4.41	5.06	4.79	6.04
	中部非洲	6.39	7.66	7.54	4.83
	南部非洲	2.72	3.06	3.50	—
	西部非洲	5.67	7.61	5.81	5.64
	撒哈拉以南非洲	4.07	5.05	4.98	5.87
	除南非外的撒哈拉以南非洲	4.90	6.17	5.30	5.69
	除南非外的非洲	3.79	5.64	6.41	7.25

资料来源：UNCTAD 数据库（https://unctadstat.unctad.org/wds/ReportFolders/reportFolders.aspx）。

3. 数字技术应用领域拓宽，但创新生态不优制约原始创新能力

数字技术创新是数字经济发展的动力和引擎。在数字经济领域，非洲更多通过数字技术领域的合作，利用外资对已有大数据、人工智能、信息通信技术等数字技术和生产模式进行移植，推广"数字+"生产模式。目前，非洲数字技术已经应用到移动通信、电子商务、移动支付、数字政务、线上学习、远程医疗、金融科技等多元互动场景。但是，长期以来政治、历史、经济、社会、文化、地理等多重因素交织，导致教育条件较为落后，非洲数字技术原始创新能力不高，与工业紧密融合、更多体现数字经济价值的人工智能、大数据、物联网等先进数字技术自主研发仍处于起步阶段。非洲具备足够数字素养和数字技能的人才严重匮乏，且地区能够提供的数字领域的就业机会比较少，导致数字人才外流，这就形成了恶性循环。从数据上看，与发达国家相比，非洲的科技创新能力显著落后。在基础科学研究领域，非洲2020年发表的高科技期刊论文数为54509篇，占世界总发表数的比例仅为2.21%，约为欧盟国家和北美国家发表总数的1/10。在技术应用领域，非洲高科技产品占工业制成品出口比例仅为2.37%，远低于世界平均水平22.21%（见表2-5）。

表2-5　2020年非洲高科技论文数与高科技产品出口比例以及与世界其他地区的对比

	发表的高科技期刊论文数（篇）	高科技产品占工业制成品出口比例（%）
非洲	54509	2.37
全球	2464402	22.21
欧盟国家	536753	16.10
OECD成员国	1445913	18.15
北美国家	492521	18.69

资料来源：WDI数据库。

我们通过联合国贸发会议发布的前沿技术成熟度指数（FTRI），更深入地分析非洲不同地区研发、应用和改进前沿科学技术能力的水平差异。整个测算体系对技术成熟度总指数进行打分，同时包含ICT基础设施先进指数、前沿技术人才指数、技术应用指数、研发指数和融资便利度指数五个分指数，满分是 1。ICT 基础设施水平指数主要考察互联网普及率和数字基础设施的应用质量；前沿技术人才指数主要通过人口的整体教育程度、受教育年限以及在劳动市场通过高技能就业的程度来衡量；研发指数是用一个国家前沿技术出版物和专利数量来衡量；技术应用指数选取高科技制造业的出口数据，以及涵盖金融和 ICT 数字可交付服务业数据来衡量；融资便利度指数主要评价私营部门融资的便利性，选用私营部门信贷总额占国内生产总值的百分比来衡量。通过分别整理 2014 年和 2019 年非洲 FTRI 前沿技术成熟度指数进行分析（见图 2-10、图 2-11），发现南部非洲的前沿技术发展较快且水平最高，中部非洲和西部非洲是高新技术水平最落后的两个地区。需要注意的是，总指数和 4 个分指数在 2014—2019 年均呈现上升趋势，只有前沿技术人才指数反而普遍下降，其中北部非洲和南部非洲下降幅度最大，分别从 0.39 分下降到 0.34 分和 0.33 分，在一定程度上说明非洲地区高技术人才外流情况十分严重。

具体来看，南部非洲前沿技术成熟度总指数从 2014 年的 0.29 分上升到 2019 年的 0.35 分，超过北部非洲成为非洲前沿技术水平最高的地区，而且除南非外的平均水平仍然是最高的，各项分指数 ICT 基础设施水平、技术应用和融资便利度均在非洲区域排名第一，前沿技术人才指数略低于北部非洲，其中 ICT 基础设施水平从 2014 年的 0.19 分快速增长到 0.39 分，原因正如前文所述，移动和智能终端在南部非洲发展迅速，具有较大发展潜力；而研发能力是其短板，2019 年其研发能力指数为 0.20 分，低于北部非洲（0.28 分），说明其科技创新能力尤其是关键核心技术在生产领域的研究和转化能力不足。北部非洲的高新技术基础较好，在前沿技术成熟度等方面比较均衡，有一定积淀，但近年来发展后劲稍显不足。2014 年技术成熟度总指数最高的是北部非洲（0.31 分），2019 年总指数仅增加 0.01

分为0.32分，但远落后于南部非洲（0.35分）。北部非洲的研发指数和前沿技术人才指数一直在区域内处于领先地位，说明北部非洲的经济基础较好、基础教育扎实、科技研发投入较多；但技术应用指数仅为0.34分，低于南部非洲和东部非洲，说明其虽然注重技术研发但数字技术与生产端的融合不够；ICT基础设施指数从2014年的区域最高（0.31分）到2019年落后南部非洲0.06分，主要原因可能是前文分析的其在移动网络和终端布局方面稍显滞后。东部非洲和西部非洲的前沿技术成熟度指数比较接近，虽然发展水平较低，但在2014—2019年取得了不少进步，五年间两个地区的技术成熟总指数从0.1分增加到0.15分，ICT基础设施指数增长显著，从0.07分左右增至0.2分左右，研发指数从0.05分增长到0.1分左右；而技术应用指数和融资便利度指数基本保持不变，分别在0.33分和0.4分左右。中部非洲的前沿技术成熟度指数与东部和西部非洲持平为0.15分，ICT基础设施水平和研发水平是显著短板，得分分别仅有0.12分和0.06分，远低于非洲其他地区；融资

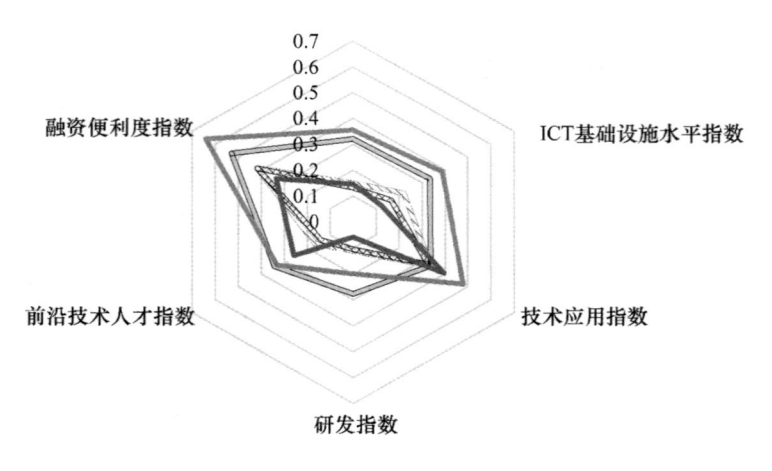

图2-10　2014年非洲区域FTRI指数

资料来源：UNCTAD数据库（https://unctadstat.unctad.org/wds/ReportFolders/reportFolders.aspx）。

便利指数也是最低的，仅为0.33分，说明非洲中部没有更多的融资渠道来支持前沿技术的研发与应用；得益于ICT服务贸易出口在世界市场份额相对较高，中部非洲技术应用指数为0.4分，在五个地区中排名第二。

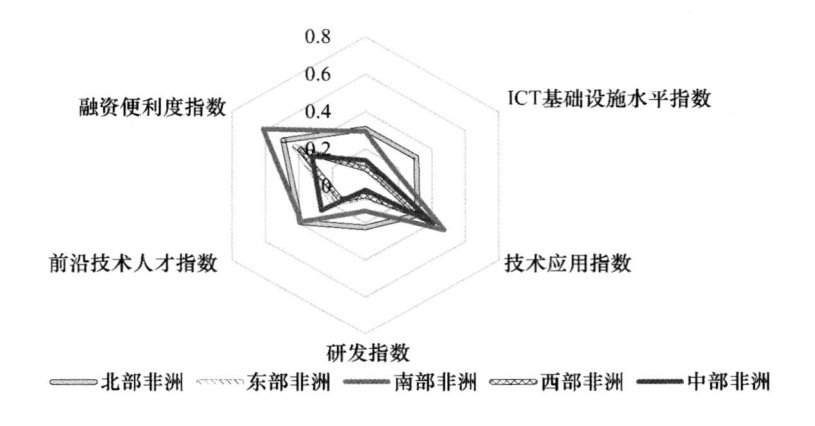

图2-11 2019年非洲区域FTRI指数

资料来源：UNCTAD数据库（https://unctadstat.unctad.org/wds/ReportFolders/reportFolders.aspx）。

4. 非洲数字经济发展新愿景

随着全球新一轮科技革命和产业变革深入推进，数字经济对促进各国经济复苏、保障社会运行、推动国际抗疫合作发挥了重要作用。但与发达国家相比，非洲整体数字经济发展仍较为滞后，数字鸿沟不断扩大，存在突出的区域发展不平衡和数字赋能产业发展不充分问题。一是数字技术原始创新能力较低；二是数字基础设施建设整体落后，通信网络基础设施的迭代发展后劲不足；三是传统产业数字化转型进程较慢，占非洲产业比重较高的第一、第二产业数字经济发展显著落后于第三产业；四是对网络安全风险关注度较低，加剧发展不确定性；五是面对全球数字治理规则重塑缺乏参与度和话语权。

机遇与挑战并存，非洲数字经济前景是乐观的，但也存在系统性弱点。充分释放数字经济发展红利是非洲保持崛起与复兴良好势头的重要抓手，也是决定非洲能否成为未来全球制造业中心和世界经济新引擎的关键变量。实现数字经济的加速发展需要非洲各国加强合作，通过集体努力来实现。其中，非盟制定的《非洲数字化转型战略（2020—2030）》可作为非洲经济和社会数字化转型的蓝图和总体规划。该项战略倡导非洲要建设包容性数字经济社会，缩小各国数字鸿沟，培育数字经济人才和数字市场主体，促进数字信任、安全和稳定，以及加强与全球的数字合作。

第一，建设优质普惠的数字基础设施。将5G、工业互联网、物联网、数据中心等为代表的数字基础设施作为非洲各国未来新型基础设施的建设方向，着力缩小非洲与世界其他地区数字基础设施的差距，尤其是加强在非洲南部和非洲东部加快完善基础设施布局。扩大宽带接入，提高宽带质量，建设完善区域通信、互联网、卫星导航等重要信息基础设施，促进互联互通，探索以可负担的价格扩大高速互联网接入和连接的方式，促进宽带网络覆盖、提高服务能力和质量。通过提升无线电频谱管理效率，实现射频频谱和轨道资源的高效管理和使用，进一步扩大数字基础设施的覆盖范围。聚焦关键通道、关键节点、关键项目，充分利用"一带一路"国家共建空间信息走廊的契机，着力推进网络通信等领域合作。

第二，加快数字技术创新及应用场景搭建。非洲应积极在经济社会各部门推广使用数字解决方案，充分发挥信息和通信技术的潜力促进创新，为数字技术发展创造有利发展环境。这需要政府主导，将发展数字经济列为国家优先事项，通过自上而下模式开发通用数字平台，整合数字服务，建设能够有效使用数字技术的人力资源队伍，提升数字产品与服务质量。未来可着重在农业、教育、卫生、金融等领域加大数字场景培育，如建设智慧乡村、推广互联网医院、打造数字化教育场景、发展数字金融等。

第三，积极参与数字经济规则制定。面对数字经济发展对国际传统规则的冲击，非洲应在充分尊重各国主权与发展利益的基础上，参与协商构建相关技术产品和服务的国际标准。要积极探索反映发展中国家数字化转型利益和诉求的规则体系，推动多边、区域等层面数字经济国际规则协调，确保共享数字经济发展成果。要保障数据跨境安全有序流动，在隐私保护、数据安全、数据确权、数字税收、数据法治等领域，加强规则制定与交流。在数字安全领域加强国际多双边规则制定与政策协调，全面提升关键信息基础设施、网络数据、个人信息等安全保障能力，共同打击网络犯罪、保护数字经济环境，尤其是保护老人、儿童等数字安全脆弱人群的利益。

第四，持续扩大国际合作补足数字短板。非洲应着力与中国等发展中国家构建互信互利、包容、创新、共赢的数字经济合作伙伴关系，加强在数字基础设施、产业数字化转型、智慧城市、网络空间和网络安全等领域的合作。依托全球南南合作平台，提升非洲各国采用数字技术满足自身发展需求的能力，通过接受基础设施援建、经验共享、知识分享、培训等多种途径，努力缩小数字鸿沟。积极参与多层次数字经济交流机制，包括联合国贸易和发展会议、联合国工业发展组织（UNIDO）、经济合作与发展组织（OECD）、国际电信联盟（ITU）和其他国际组织举办的各种数字经济国际合作与交流活动。通过国际合作努力弥合数字性别鸿沟和年龄鸿沟，促进妇女、残疾人、老年人等提高数字化参与、享受数字化红利。

（二）东部非洲发展情况

1. 埃塞俄比亚

埃塞俄比亚是中国在非洲最重要的战略伙伴之一，近年来，中埃两国在电信基础设施运营、电子商务等数字领域迎来了产能合作的重大机遇期。鉴于埃塞俄比亚的数字技术使用尚处于起步阶段，未来埃塞俄比亚数字经济发展前景十分广阔。

（1）埃塞俄比亚数字经济发展的背景

埃塞俄比亚是非洲第二人口大国。过去十年，埃塞俄比亚的经济取得了快速增长，但是在数字经济和信息技术领域发展缓慢。目前，埃塞俄比亚政府正在加速步入第四次工业革命的行列，埃塞俄比亚成立了创新与技术部，专门负责国家的数字化经济，并制定了国家信息和通信技术政策、电子政务战略、标准、准则以及其他法律框架，为数字经济发展奠定了良好的制度基础。

第一，地理环境。埃塞俄比亚国土面积为110.36万平方千米，是非洲东北部内陆国，没有出海口。东与吉布提和索马里相邻，南与肯尼亚接界，西与苏丹和南苏丹接壤，北与厄立特里亚交界。境内以山地高原为主，高原占全国面积的2/3，平均海拔近3000米，最高处4620米，素有"非洲屋脊"之称。首都为亚的斯亚贝巴，人口约400万，是全国政治、经济和文化中心，也是联合国非洲经济委员会和非洲联盟总部的所在地，有"非洲政治首都"之称。

第二，社会环境。埃塞俄比亚人口总数将近1亿（见图2-12），居世界第13位，人口基数大，城镇化逐步提升。社会治安方面少有针对中国人的典型犯罪事件，但游行骚乱频繁，造成国家多次进入紧急状态。埃塞俄比亚的工会势力较为强大，一旦决定通过罢工等方式加薪或保护员工权益，极易使公司处于被动的境地。

第三，经济环境。埃塞俄比亚经济发展较为稳定，作为农业大国，埃产业结构以农业与服务业为主，但基础设施落后，严重制约了国民经济的发展。未来，埃塞俄比亚政府将继续以农业发展为经济的主要来源，同时实施以工业为主导的经济发展战略，

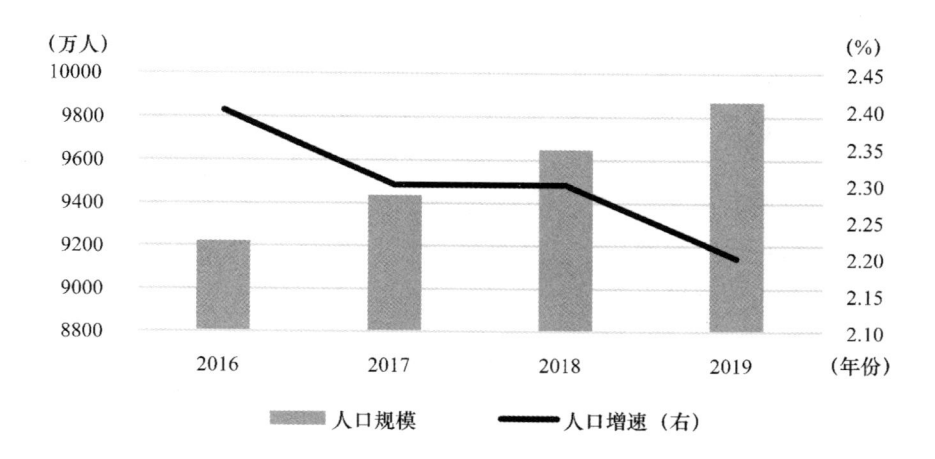

图 2-12　埃塞俄比亚人口规模及增速

资料来源：世界银行数据库。

推动农业和工业的垂直链接，并加大基础设施投资。近年来，埃塞俄比亚 GDP 保持快速增长（见图 2-13），但人均 GDP 不足 1000 美元，是全球最不发达国家之一。同时，埃塞俄比亚货币贬值趋势明显，财政赤字、外汇紧缺、公众债务等问题严重。

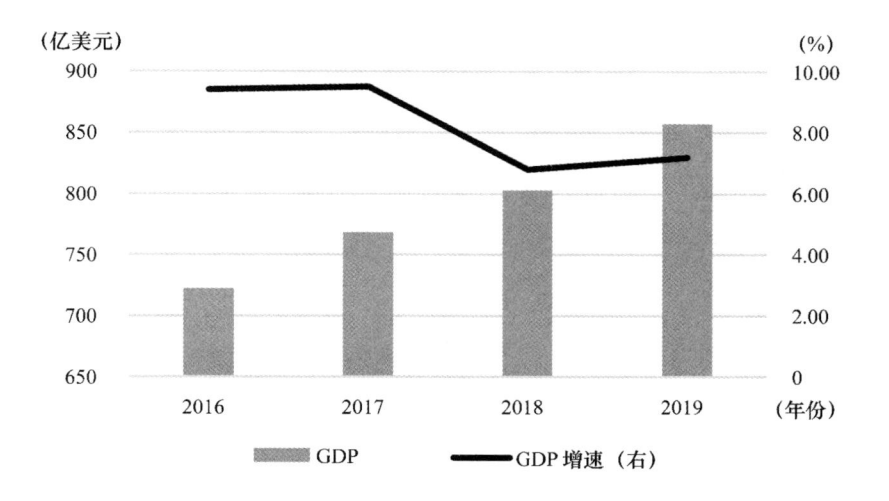

图 2-13　埃塞俄比亚 GDP 及增长率

资料来源：世界银行数据库。

(2) 埃塞俄比亚数字经济发展现状

由于历史原因，埃塞俄比亚数字经济发展相对滞后，目前，埃塞俄比亚成立了创新与技术部，专门负责国家的数字化经济，并制定了国家信息和通信技术政策、电子政务战略、标准、准则以及其他法律框架，为数字经济发展奠定了良好的制度基础。

第一，埃塞俄比亚数字经济的基础环境。在全球发展通讯热潮中，埃塞俄比亚发展相对落后，直到1997年该国才首次接入互联网。在过去20余年，埃塞俄比亚政府在信息通信技术领域进行了大量投资，是中国中兴通讯在撒哈拉沙漠以南非洲地区的最大合作伙伴（合作项目15亿美元）。尽管如此，埃塞俄比亚的信息通信水平相对较低。埃塞俄比亚通信基础落后主要受四个因素制约：一是20世纪八九十年代政局和社会经济不稳定；二是其通用语言（阿姆哈拉文）直到2002年才由官方统一数字化；三是全国的电信业一直由政府垄断；四是电网只覆盖了不到1%的农村。

目前来看，电信等数字产业在埃塞俄比亚发展迅速，埃塞俄比亚电信公司拥有4000多万移动用户，互联网用户也达到2230万。在实现业务便利化和增加现金流方面已经基本实现数字化，全国层面普遍使用上了基于应用软件的交通出行（驾车和乘坐出租车）、现金转账（通过CBE-Birr、HelloCash、M-Birr、Kifiya等）、网络招聘、校园网络、农业网、高等教育网络等。埃塞俄比亚航空公司的业务也完全实现了网络化。但是，相对而言，埃塞俄比亚的数字经济发展仍不充分，根据世界银行最近的估计，该国信息通信技术对国民生产总值的贡献率只有2%。埃塞俄比亚期望到2025年能够成为中等收入国家，为了实现这一目标，埃塞俄比亚必须通过数字化改造其经济结构。

相比移动互联网和手机，广播媒体在埃塞俄比亚有着更广泛的受众，无线电广播覆盖全国90%的区域，电视覆盖10%的地区。这是因为埃塞俄比亚广播设施相对完善，而且全国约有

57.3%的成年人不识字,听广播、看电视自然比发短信上网要简单得多。政府放开了无线广播经营权,使其迅速发展。全国分别约有12.5%和50%的家庭拥有电视机和收音机,有21个广播台覆盖各个地区,政府9个广播机构通过这些广播台推出超过20种语言的广播节目。

第二,电信市场开放推动数字经济发展。2019年,埃塞俄比亚政府颁布《电信服务宣言》,推动电信市场自由化,成立新的电信监管部门——通信管理局(ECA),并对电信市场自由化可选方案进行研究,包括出售埃塞俄比亚电信公司少数股份,向跨国电信运营商发放新的运营牌照。

目前,埃塞俄比亚移动通信市场被埃塞俄比亚电信(Ethio Telecom)公司垄断,分别于1999年、2009年、2015年和2020年上线2G、3G、4G、4G+业务。2017年埃塞俄比亚电信公司调整统计口径,剔除了大量不活跃用户,用户数大幅减少。截至2019年,埃塞俄比亚移动用户数有4403万,渗透率约为45%,市场空间很大(见图2-14)。

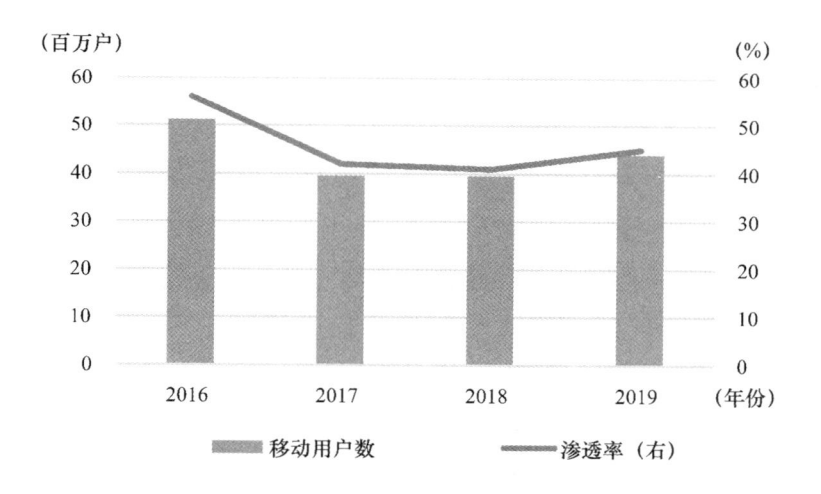

图2-14 埃塞俄比亚移动用户数及渗透率

资料来源:世界银行数据库。

埃塞俄比亚固定宽带及固定电话市场仅有埃塞俄比亚电信一家运营商，业务发展缓慢。截至 2019 年，宽带用户数达 7.3 万；固定电话用户数为 130 万（见图 2 - 15）。2006 年，中兴曾承建该国干线光缆网二期工程，于 2011 年完成光纤网络由 4000 千米升级至 14000 千米、固定电话用户容量扩展到 400 万、全国部署 6.5 万个公共付费电话的项目目标。

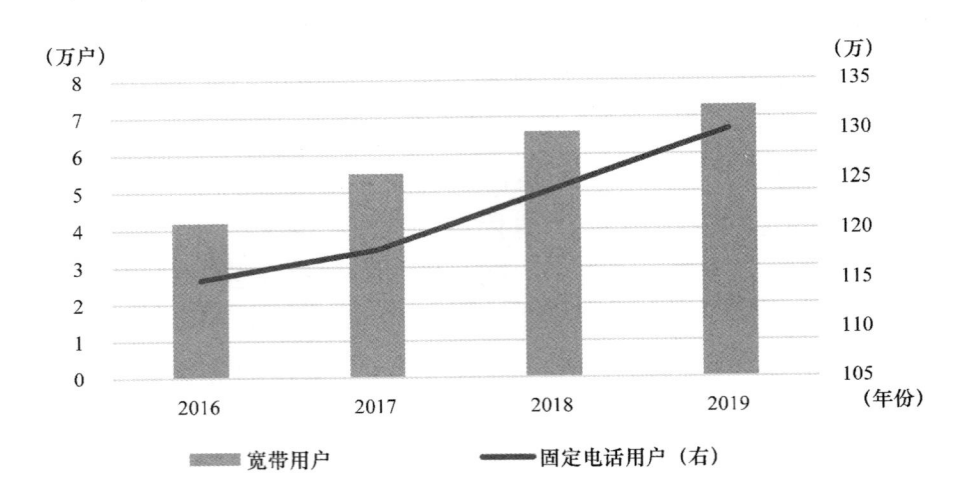

图 2 - 15　埃塞俄比亚固定宽带和固定电话用户数

资料来源：世界银行数据库。

埃塞俄比亚政府积极开放电信市场，并给予外国投资者优惠政策。牌照有效期至少 15 年，且存在更新的可能性，可在全国范围内自建网络，经营移动通信、固网通信等业务。总体来看，埃塞俄比亚人口基数大，经济增长快速，然而移动通信普及率仅为 45%，与区域平均水平仍有较大差距，展现了较大的市场潜力。

第三，埃塞俄比亚的数字化农业。目前，埃塞俄比亚农技推广体系主要是运用信息通信技术，围绕市场经营和市场信息来展开，广播为主要的技术手段，近年来也越来越关注视频和互联网的作用。

一是农田国际广播项目（FRI）。2012年调查试点地区的养蜂节目显示，该地区有90%的农民经常听广播，表明无线广播具有广泛的受众。之后农田国际广播项目又与多家无线电台合作，完成了"广播参与计划"（PRP）的第一阶段，主要播放画眉草的实用种植技术。下一阶段，该项目计划广播有关提高玉米蛋白含量的节目。手机用户也可以收听农田国际广播，那些较低文化知识的农民可以利用手机客户端语音应答功能来保证相关信息的收听。

二是埃塞俄比亚农业信息港和绿色数字。农业与农村发展部和其他多部门联合建立的用于收集农产品信息的农业信息港数据库，为农技推广人员及相关从业者、政府、非政府组织等及时了解农业专业知识和市场信息提供了便利，也为提高农民收入提供了可能。

绿色数字（DG）是一家印度的非政府组织，主要使用数字视频来向农民传播培训技能。2012年，为扩展农技推广业务，其与埃塞俄比亚IDE公司合作，为当地农技推广人员和农民提供相关培训课程。

三是埃塞俄比亚农业转型局（ATA）。农业转型局隶属于政府机构，目的在于运用数字技术促进生产力的转型及农业的商业化，该局主持实施的信息化项目有：第一，土壤信息系统。该系统利用遥感技术建立国家土壤数据库、土壤源地图，将为农户提供详细的土壤信息，不仅有利于指导农户更好地耕种，也有利于土地的保护。目前，这一系统尚处于初级开发阶段。第二，地下水测绘。当前的主要工作是测绘地下水源，并根据测绘结果制定实施家庭灌溉计划。第三，预警系统。推广人员将能够识别的作物疾病征兆，通过手机预警系统传递给研究人员和农民，使他们尽早实施预防措施。

总体而言，由于埃塞俄比亚的信息通信还处在初级水平，缺乏一系列先进的技术和设施，互联网和移动网络发展都因政府垄断而受到制约，同时，农村电力不足使得信息通信技术难以进入农业领域。在这样的条件下，农业信息化必须要考虑目标用户的可用设施、使用环境、技术能力以及文化程度等因素。

（3）埃塞俄比亚数字经济发展评估和未来前景

鉴于埃塞俄比亚的数字技术使用尚处于起步阶段，未来其数字经济发展前景十分广阔，但数字经济的发展也面临着政治、经济、安全和法律方面的风险与挑战。

第一，埃塞俄比亚数字经济发展的优势和不足。首先，政治经济形势总体稳定，市场管制形成潜在限制。埃塞俄比亚总体上政局稳定，在此基础上，该国经济保持快速增长，已成为非洲最具经济活力的国家之一。据世界银行统计，2006—2020年，埃塞俄比亚经济年均增长率超过10%，长期位居全球经济增长最快的10个国家行列。如今，埃塞尔比亚已跃升为东非第一大经济体，并有望在2025年成为非洲的第三大经济体。但埃塞俄比亚政府高度管制的经济体制对数字经济发展形成潜在制约。以外汇市场为例，埃塞俄比亚政府在外汇市场上对价格和数量实施双重管制。官方汇率价格由政府计划制定，且远高于市场均衡价格，这就意味着埃塞俄比亚本币存在逐年贬值的巨大风险。

其次，数字经济市场辐射广阔，但基础设施水平严重滞后。一方面，埃塞俄比亚得天独厚的地理位置有利于发挥数字经济市场辐射能力。埃塞俄比亚是"东南非共同市场"（COMESA）和"非洲、加勒比和太平洋地区国家组织"（ACP）的成员，享受美国和欧盟关于非洲产品免关税、免配额的政策。作为COMESA成员，埃塞俄比亚商品出口周边国家，如苏丹、肯尼亚、吉布提和索马里等国，具备很多优势条件。该国主要出口产品咖啡在欧洲和美国已形成稳定的市场，由于地理位置关系，该国商品出口中东地区也具有很多便利条件。另一方面，埃塞俄比亚落后的工业制造业水平、薄弱的基础设施、较低的产业配套能力对其未来数字经济发展前景造成负面影响。尤其是交通运输等基础设施落后、运力低下、物流成本相对较高等影响埃塞俄比亚商品的出口，该国几乎所有出口均需通过吉布提港中转，而该港口吞吐能力低下也成为制约埃塞俄比亚对外贸易发展的一大瓶颈。

最后，数字产业蓬勃发展的同时数字鸿沟明显扩大。埃塞俄比亚电信行业等数字产业不断发展，发展数字经济对互联网基础设施及新软、硬件提出了更高的要求。如果没有持续的网络建设，数据流量就会因用户数量的增多而出现问题。目前来看，由中资公司承建的埃塞俄比亚全国电信网项目已完成四期，且埃塞俄比亚全国大部分地区覆盖了3G移动网络，埃塞俄比亚电信已启动4G网络建设，首都亚的斯亚贝巴部分区域可使用4G网络服务。

埃塞俄比亚数字经济发展带来明显的数字鸿沟，而国际数字鸿沟（存在于不同国家间）和国内数字鸿沟（存在于城市和农村、年老的一代和年轻的一代）也是平等获得和使用数字技术遇到的挑战。埃塞俄比亚还有许多不识字的人口，特别是在农村地区往往不具备使用数字信息的技能。此外，数字经济还要依靠能够胜任的人力资源的大力配合，人才的缺乏也是埃塞俄比亚数字鸿沟扩大的重要因素。

第二，埃塞俄比亚数字经济发展的未来前景。首先，埃塞俄比亚的进出口业务将成为数字经济的最大受益者。政府部门和私营企业都能够进入各国的市场。他们全天24小时以非常高效的速度为当地客户销售商品或提供服务。电子商务还能够帮助企业降低交易和广告成本。

其次，数字经济将有助于促进就业和提升消费者福利。信息技术专业毕业的大学生和软件公司是数字经济的直接受益者，数字产业的发展将为大学毕业生和企业家们提供就业机会。除此之外，消费者可以避开中间商获得更优惠的价格，并且可以直接与供应商沟通，大大节省交易时间。同时，消费者有了更多的选择机会，并以更优惠的价格买到更优质的商品。

再次，金融行业和私营企业将迎来发展机遇。埃塞俄比亚国营或者私营银行用电子方式可以让业务办理更便捷，顾客在购物中心使用电子货币或者刷卡就能轻松地进行交易。对于私营企业而言，商业机构可以通过电子平台进行市场调查，这样可以帮助他们更好地了解自己的客户，并根据客户的具体情况或需求做出相应的战略决策；同时也可以开发新客户并降低运营成本。

最后，数字经济有助于吸引投资者和游客到埃塞俄比亚投资和旅游，而且经济数字化也有利于当地人与外国人的信息交流，当地旅行社显然可以通过数字技术与境外游客及时进行沟通。

2. 坦桑尼亚

坦桑尼亚现有人口约6330万，是东非仅次于埃塞俄比亚的人口大国，在非洲国家中居第六位。在非洲国家中，坦桑尼亚人口增长率最高，2021年人口增长率高达3.11%。

（1）互联网普及率持续提高

坦桑尼亚通信服务网络已覆盖该国94%的人口和60%的地区。2G信号覆盖率超过90%，3G覆盖率超过60%，4G覆盖率超过28%。坦桑尼亚通信管理局（TCRA）最新数据显示，2021年，坦桑尼亚约有2980万人使用互联网，高于2020年同期的2810万人，占总人口比重约47%。但是，与全国5410万的电信用户相比，该数据仍然偏低，政府的目标是通过进一步投资国家宽带骨干网项目建设等，确保到2025年互联网服务覆盖全国至少80%的人口。

（2）移动支付渗透率不断提升

坦桑尼亚是仅次于肯尼亚的东非移动支付市场。根据坦桑尼亚通信监管局数据，截至2021年9月，坦桑尼亚移动钱包总数达3315万，53%的人拥有移动钱包账户，M-Pesa凭借庞大的用户基础，其移动钱包用户规模达 1266 万，以 38% 的占比高居市场第一，Tigo 和 Airtel 排第二、第三名，占比分别为 25% 和 21%。而在 2021 年 1 月，坦桑尼亚每月移动支付交易数量约为 3 亿笔，总额达 77.62 亿美元。2022 年第一季度，坦桑尼亚移动支付账户进一步上升到 3574 万个。

（3）电商潜力虽大但发展尚不充分

在坦桑尼亚，电商发展尚不充分，主要因为智能手机仍然没有普及，可以在线购买商品的中上阶层消费者的数量仍然有限，并且在各个主要城市之间高度分散。考虑到相对较小的本地化客户群，电商在管理物流、库存和产生利润所需的规模经济方面面临艰巨挑战，同时，没有可靠的第三方物流提供商来提供及时可追溯的物流服务，消费者甚至没有可靠准确的地址信息，需要自建整个物流体系以及"最后一公里"配送。2019年，吉米亚公司（Jumia）退出坦桑尼亚，仅保留了部分信息分类的服务。不过，2022 年，迪拜环球港务集团（DP World）宣布在坦桑尼亚推出商品批发电子商务平台 DUBUY.com，将为坦桑尼亚公司进入全球市场提供更多机会，为 DP World 港口及物流网络提供更安全、可靠的供应链。

（4）"数字坦桑工程"将赋能数字经济

坦桑尼亚政府意识到科技创新对于提高效率和生产力的重要意义，因此将其作为第三个五年发展规划的首要目标之一，并成立了通信信息技术部，以应对该领域的新变化。通信信息技术部的主要任务和目标包括普及智能手机等信息通信设备，到 2025 年将坦桑尼亚光缆骨干网的覆盖率从当前的 45% 提高至 80%，并将网络使用率从 43% 提高至 80%。

政府投入 1.5 亿美元打造"数字坦桑工程"，加快推动坦桑尼亚数字经济建设。该蓝图计划从以下方面展开：一是审查完善法律框架和产业政策，起草数据保护法案，营造良好制度环境；二是开展能力建设，目标是培养 500 名数字经济领域技术专家；三是建设国家数据中心，将现有200多个政府网站整合为单一政府服务平台。为刺激数字经济领域投资，政府已推出若干鼓励措施，如简化网络信息发布审查程序（仅时事及社会新闻需事前审批），网络媒体服务许可年费从坦桑尼亚10万先令降至5万先令等。

3. 肯尼亚

截至2022年1月，肯尼亚的总人口为5560万。2018年4月，世界银行发起非洲数字经济倡议（Digital Economy for Africa Initiative），号召各国政府、相关企业及国际资本共同参与非洲数字经济建设，力争在2030年前实现该地区数字经济的"全面覆盖"。随后，肯尼亚公布数字化转型战略。目前，肯尼亚已经成为东部非洲数字经济中心，该国形成了以内罗毕为核心的产业聚集区，被称为"非洲硅谷"，在移动支付和数据中心方面相对优势明显。

（1）基础设施完善，互联网普及率较高

互联网现状报告（Akamai State of the Internet Report）数据显示，得益于铺设海底的数条电缆，肯尼亚移动互联网数据传输速度平均每秒13.7Mb，位列世界第十四，甚至优先于美国。肯尼亚宽带互联网速度为12.2Mbps，领先其他非洲国家，在中东和非洲区域排名第三。肯尼亚3G覆盖率约85%，4G覆盖率约30%。

肯尼亚互联网渗透率在非洲排名第一，达83%。根据肯尼亚通信管理局数据，截至2021年年底，肯尼亚互联网用户增长1.6%，达到4640万，而宽带用户总数增长5.4%，达到2840万。

肯尼亚是非洲最大的移动网络市场之一，拥有较高的手机渗透率和互联网普及率。截至2020年，肯尼亚91%的人拥有手机，其中34.7%为智能手机。移动互联网普及率为84%，约4300万人能用手机上网。

（2）移动支付渗透率领先非洲

肯尼亚被认为是世界上最成熟的移动支付市场之一。移动钱包普及率超过70%，活跃的移动钱包用户占其中九成。根据肯尼亚中央银行数据，2021年，肯尼亚移动支付代理网点处理的现金交易额同比增长32%，达到6.87万亿肯尼亚先令，规模创历史新高。除了P2P转账，越来越多用户习惯使用移动钱包进行线下和线上交易付款，并获得信贷服务。目前肯尼亚已有超过300款小额信贷App。

非洲传统银行业提供的普惠金融服务严重不足，形成庞大的无银行账户人群。非洲快速增长的手机渗透率为金融科技尤其是移动支付创造巨大发展空间。在移动钱包出现前，肯尼亚"金融鸿沟"严重，金融市场的不完善导致金融服务稀缺。肯尼亚金融体系发展较好，但银行网点仅有2000多个，且定位为服务少数高端群体。运营商萨法利通信（Safaricom）公司于2007年推出移动钱包M-Pesa，迅速获得肯尼亚民众广泛接受，并拓展到坦桑尼亚、莫桑比克、刚果（金）等非洲国家。基于深入人心的移动钱包平台，储蓄、贷款、保险、投资等在线金融服务蓬勃发展，将广大肯尼亚民众纳入现代经济和金融体系，形成了基于数字技术和非洲实际特点的普惠金融体系。

肯尼亚本土数字技术与电商企业发展步入"快车道"。电子商务平台Copia为肯尼亚农村没有银行账户的客户提供服务，是"着眼于中低收入消费者"的电商企业，服务顾客已超过100万人，有2.5万余个家庭从中直接受益。在肯尼亚首都内罗毕，已经成长起50多个本土金融科技公司，其中大部分聚焦移动支付行业。

启动2022—2025年国家支付战略，标志着肯尼亚支付之旅的一个重要里程碑。根据肯尼亚宪法，2022—2025年国家支付战略制定了未来四年肯尼亚支付生态系统的愿景和战略举措。2022年2月，肯尼亚中央银行发布《央行数字货币讨论文件》，就央行数字货币的应用展开公众意见征询,截止日期为2022年5月20日下午五点。

(3) 电子商务蓬勃发展

肯尼亚在电子商务领域和移动支付一样"独步撒哈拉以南非洲"。肯尼亚早就是撒哈拉沙漠以南非洲电子商务发展最快的地区之一,该国较为开放成熟的市场经济体制与逐渐完善的基础设施建设,为电子商务的发展提供了良好土壤。加上近年来海底光缆建设的推进以及智能手机的普及,肯尼亚电子商务市场正在蓬勃发展。根据统计门户网站(Statista)的数据,2020年,肯尼亚电子商务市场规模达到3亿美元,预计到2024年肯尼亚电子商务市场的收入将达到20亿美元。

肯尼亚电子商务的使用过去几年显著增长,尤其是在中小型企业中,出于便利性的因素以及疫情期间避免物理交互的考虑,电子商务的使用激增。即使新冠疫情导致的宵禁和封锁高峰期,进行网上杂货购物的肯尼亚人数量仍保持在4%—6%。

(4) 数字经济对居民工作生活渗透率持续提高

根据肯尼亚电信运营商萨法利通信数据,新冠疫情期间,肯尼亚在线办公、网络课堂和在线娱乐需求增长,民众网上浏览疫情相关信息量增加。2020年4月至2021年3月,该公司4G手机和光纤到家用户均同比增长40%以上。数字经济已渗透到许多肯尼亚居民的日常生活中。一项调查表明,84%的受访者表示数字设备和数字服务让他们生活变得更好,近1/3的受访者表示数字经济帮助他们提高了收入。

(三) 南部非洲发展情况

1. 南非

本报告从数字产业化、产业数字化、数字化治理三个方面对南非数字经济发展现状展开调查。

（1）数字产业化情况

数字产业化，即信息通信产业，具体包括电子信息制造业、电信业、软件和信息技术服务业、互联网行业等。南非数字经济受疫情冲击较大，2020年其数字经济规模为576亿美元，同比下降10.7%，占GDP比重为19.1%。[①] 2021年南非数字经济实现了恢复性增长，其规模达到801亿美元，同比增长39.1%，是当年全球数字经济规模增长超过20%的14个国家之一。[②] 据统计，2020年南非数字产业化规模为83亿美元，占数字经济的14.5%。[③]

数字产业化对数字基础设施的要求较高。南非是非洲大陆在数字基础设施领域最先进的国家之一，表现出如下特点：

第一，网络覆盖率高。多年来，政府和移动网络运营商进行了大量投资，实现了移动网络覆盖率高、网速稳定的目标。截至2020年，南非3G网络覆盖率达99.8%，4G网络覆盖率达96.4%，4G可用性为86.2%，并已推出商业5G网络。全球投资监测机构（Investment Monitor）用28个不同的指标（包括每个国家的移动网络数量和4G网络覆盖的人口百分比）创建了互联网连接指数，以体现各国互联网连接质量。2021年，南非在非洲的综合排名中名列第一，得分为100分（见表2-6）。

[①] 全球移动通信系统协会（GSMA）：《2022年撒哈拉以南非洲移动经济报告》，中华人民共和国商务部西亚非洲司网站，2023年2月3日，http://xyf.mofcom.gov.cn/article/zb/202302/20230203382360.shtml.

[②] 中国信息通信研究院：《全球数字经济白皮书（2022年）》，2022年12月，http://www.caict.ac.cn/kxyj/qwfb/bps/202212/t20221207_412453.htm.

[③] 中国信息通信研究院：《全球数字经济白皮书（2021年）》，2021年8月，http://www.100ec.cn/home/detail--6601100.html.

表 2-6　　　　　　　　2021 年非洲互联网连接指数排名

排名	国家	指标得分	排名	国家	指标得分
1	南非	100.00	29	苏丹	55.45
2	毛里求斯	96.56	30	马达加斯加	55.12
3	埃及	95.42	31	利比亚	54.98
4	肯尼亚	89.60	32	马里	54.97
5	突尼斯	88.66	33	埃塞俄比亚	53.81
6	加纳	86.43	34	布基纳法索	53.43
7	摩洛哥	83.58	35	几内亚	52.63
8	阿尔及利亚	79.33	36	多哥	50.41
9	乌干达	74.48	37	安哥拉	49.68
10	尼日利亚	71.29	38	索马里	48.73
11	博茨瓦纳	70.07	39	利比里亚	47.35
12	科特迪瓦	69.20	40	刚果（布）	47.22
13	津巴布韦	67.01	41	布隆迪	45.18
14	坦桑尼亚	66.53	42	斯威士兰	42.72
15	卢旺达	65.98	43	冈比亚	42.72
16	纳米比亚	65.09	44	科摩罗	42.15
17	塞内加尔	64.73	45	毛里塔尼亚	40.61
18	喀麦隆	64.33	46	中非共和国	40.13
19	佛得角	63.73	47	尼日尔	38.93
20	加蓬	62.99	48	几内亚比绍	34.64
21	莱索托	62.04	49	南苏丹	33.36
22	莫桑比克	61.93	50	乍得	32.98
23	贝宁	61.03	51	圣多美和普林西比	32.83
24	塞舌尔	60.92	52	吉布提	30.61
25	马拉维	59.90	53	留尼汪	24.78
26	赞比亚	59.07	54	赤道几内亚	23.24
27	刚果（金）	57.45	55	厄立特里亚	8.25
28	塞拉利昂	56.77	—	—	—

资料来源："Investment Monitor," https://www.investmentmonitor.ai.

第二，网速相对较快。专业评估全球电信产品消费者平台 Speedchecker 2022 年 1 月的报告显示，2021 年 1 月至 2022 年 1 月，南非网络平均下载速度为 19.20 Mbps，在非洲国家和地区中排名第二，仅次于摩洛哥。[1] Speedtest Intelligence（专业测速机构 Speedtest 的智库）数据显示，南非约翰内斯堡和开普敦的网速位列非洲网络速度最快城市的前两名，其下载速度中位数分别为 65.54Mbps 和 48.27Mbps。根据该机构数据，在 2020 年第三季度的 5G 平均下载速度全球排行榜中，南非以 427.86Mbps 的下载速度排名全球第三。尽管之后出现了下滑态势，2021 年第三季度南非已经不在全球前十之列，但这是由于网络速度计算方式改为 5G 网络规格、无线电波动态调整产生干扰等原因导致，且平均网速下滑并非只有南非一个国家，而是具有一定程度的普遍性，预计随着 5G 使用频谱调整将逐渐恢复。

第三，大数据发展基础条件好。根据 Cloudscene[2] 统计，南非共有 63 个数据中心，其中大多数主要设施位于约翰内斯堡和开普敦及其周边地区。其中约翰内斯堡有 27 个，开普敦有 14 个，剩余 22 个分布在各地。目前，微软、华为、亚马逊等跨国公司纷纷在开普敦和约翰内斯堡建立数据中心，并向整个非洲地区辐射。2021 年 2 月，南非主要数据运营商之一泰拉科（Teraco）获得 25 亿兰特融资，拟于 2022 年建成非洲最大的数据中心。[3] 根据世界海底光缆地图（Submarine Cable Map）网站信息显示，现有 11 条海底光缆系统在南非登陆，有几条海底电

---

[1]《Speedchecker 发布非洲移动网络冠军报告》，https://www.speedcheckercdn.com/pdfs/africa-mobile-network-champions-award.pdf.

[2] CloudScene 是针对主机代管数据中心、云服务供应商和互联结构的连通性参考点，使客户能够找到服务供应商，并自由分析选择。https://www.ucloud.cn/site/global.html#paper? ytag = zhihu02.

[3]《南非加快数字产业发展》，《人民日报》2021 年 4 月 15 日。

缆将南非与亚洲和欧洲相连。①

第四，电信网络基本实现数据化。南非电信发展水平较高，在南非可以直接拨通226个国家和地区的电话，数据微波和光纤电缆是主要传输媒介。南非电信公司（Telkom）是非洲最大的电信公司，其卫星直播和网络技术水平在世界上竞争力较强。②

第五，数字基础设施与数字产业化发展需求之间还存在距离。新冠疫情期间，互联网和通信服务的使用量大增，尽管南非的数字基础设施是整个非洲最好的，但疫情期间全国居家上网量骤增，给网络带来巨大压力。相比之下，其他南部非洲国家的基础设施建设不及南非，在疫情导致全面封锁带来的互联网和通信服务使用量大增的情况下，当地基础设施建设差的问题暴露无遗。国家之间存在的数字化发展鸿沟对南非数字经济发展形成制约，因此，弥合数字鸿沟、为数字经济发展拓展空间的任务较为紧迫。

在这样的现实条件下，南非的信息和通信技术产业总体发展形势较好。2020年6月，南非可持续基础设施发展研讨会公布了数字化技术对南非GDP贡献率为2.7%，且增长迅速，将很快超过旅游业。据全球移动通信系统协会智库（GSMA Intelligence）数据显示，截至2022年年初，南非有1.086亿个移动连接，相当于其人口的179.8%（即移动渗透率），从2021年到2022年，南非移动连接数增加了480万。③ 而在2017年，南非纯粹的移动用户只有1300万，互联网用户也仅有2860万，

---

① 《UCloud出海白皮书》，https://www.ucloud.cn/site/global.html#paper? ytag = zhihu02.
② 《UCloud出海白皮书》，https://www.ucloud.cn/site/global.html#paper? ytag = zhihu02.
③ 《非洲手机数量最多的国家（按移动连接数计）》，https://www.yunliebian.com/yingxiao/article-54307-1.html.

移动宽带渗透率仅为52%。①

（2）产业数字化情况

产业数字化，即传统产业应用数字技术所带来的产出增加和效率提升部分，包括但不限于工业互联网、两化融合、智能制造、车联网、平台经济等融合型新产业新模式新业态。② 2020年，南非产业数字化规模为493亿美元，占数字经济的85.5%。③ 近年来，南非在电子商务、金融等具体领域的产业数字化发展迅速，涌现出了一批有潜力的企业。在抗击新冠疫情期间，大数据给予了南非医疗服务领域极大的支持，在线教育也获得了长足发展，加上近年来南非农业产业数字化发展可圈可点，由此产生的数字技术创新处于非洲领先水平。

第一，南非电商市场增长迅速，发展态势良好，拥有较大的市场潜力。当前，电子商务已深度融入南非生产生活各领域，在经济社会数字化转型方面发挥了举足轻重的作用。南非商业科技研究机构World Wide Worx公布的《2021年南非在线零售研究报告》显示，2020年，南非在线零售额为302亿兰特（约合21.4亿美元），同比增长66%。在南非，超市、药妆、服装等零售领域几乎所有知名品牌都有自己的网店，也有类似美团这样的外卖、超市代购服务和类似滴滴打车的网上叫车业务。

南非本土最重要的电商零售平台为Takealot和Bidorbuy。其中，Takealot成立于2002年，前身为南非网络零售商Take2，在被老虎全球管理（Tiger Global Management）收购之后更名。Takealot采取类似"京东"的自建仓库、自建物流的模式，拥有

---

① 《非洲手机数量最多的国家（按移动连接数计）》，https://www.yunliebian.com/yingxiao/article-54307-1.html.

② 中国信息通信研究院：《全球数字经济白皮书（2021年）》，2021年8月，http://www.100ec.cn/home/detail--6601100.html.

③ 中国信息通信研究院：《全球数字经济白皮书（2021年）》，2021年8月，http://www.100ec.cn/home/detail--6601100.html.

完整的生态链，商品目录丰富，主要销售书籍、电子产品、园艺用品、母婴用品等产品。截至2014年年底，Takealot已拥有100万活跃用户，2015年为整合资源、进一步增强行业竞争力，其收购了成立已17年的电商巨头Kalahari，逐渐发展成为南非市场的电商"领头羊"。

　　Bidorbuy成立于1999年，类似于中国"淘宝"模式，故而被中国电商卖家誉为"南非淘宝"。较特别的是，Bidorbuy除了在线零售外，还保留了互联网拍卖模式，买家可以通过竞价购买，允许个人和企业互相交易。这源于平台基于收藏品交易而成立，随着交易模式从在线拍卖到以固定价格销售商品，销售商品的类别也日益多样化，甚至涉及汽车和房地产。因此，Bidorbuy是南非最受欢迎的购物网站之一，独立访客量仅次于Kalahari和亚马逊。Bidorbuy主要以提供平台服务、收取广告费以及销售提成盈利，但是其收取的服务费较低，且不提供物流服务，在市场营销和广告投放的花费上远低于Takealot，所以盈利压力偏小。

　　此外，Zando是南非最大的在线时尚商店，创立于2012年。Zando致力于每个季节为消费者提供符合最新流行趋势的时尚品和必备品，目前拥有超过550个品牌，包括鞋类、服装、家居用品、美容产品等，还创建了Utopia等自己的品牌。该购物平台适用多种支付方式，在南非地区满250兰特的订单免运费且送配到货时效快，退货流程简单且14天免费退货，曾获得南非最佳客户服务奖、最佳购物流程奖以及最佳电子商务商店奖。PicknPay.co.za是南非第二大连锁超市Pick n Pay集团旗下的网站。Pick n Pay于1967年成立，集团名下有众多商场，分布于南非、博茨瓦纳、赞比亚、纳米比亚、毛里求斯、津巴布韦、莫桑比克、莱索托和斯威士兰等非洲南部国家。消费者可以通过PicknPay.co.za网站购买到食品、日常用品、服装等商品，在网上下单后，商场会送货上门。

　　除了本土的电商平台在快速成长，国际知名跨境电商也进入了南非市场，如美国跨境零售电商平台 Wish 和亚马逊、中国的阿里巴巴及其旗下的跨境电商平台 Ali Express 等。美国团购巨头 Groupon 旗下的 bidorbuy.co.za 也是南非非常受欢迎的网络购物平台，其成立于 2008 年 11 月，网站有食品、美容、保健、时装、旅游等各种各样的促销产品，价格通常都比原价低 50%，用户注册后就能获得当地最新的促销信息或者优惠券。

在新冠疫情导致南非经济受挫期间，电商先购后付（Buy Now Pay Later，BNPL）模式快速发展。BNPL 是一种分期付款方式，一般允许买家在购买时支付首期货款，余款则分四到六期支付，并且不需要支付利息。付款期限由平台决定，一般从 14 天到 36 个月不等，但减轻买家付款负担、尽可能地促进平台消费则是各平台一致的目标。更多零售商的不断加入，显著推动南非电子商务的发展。

第二，南非拥有由便捷、普及的数字网络支持的现代金融系统。在产业数字化转型进程中，数字金融发挥着"催化剂"的作用，因为数字金融的参与能够更高效地进行各环节的资源配置，从而加快各传统产业数字化转型速度。因此，南非政府积极推动、企业积极参与数字金融创新。南非政府正在筹备推出有利于金融科技发展的政策框架，其中包括孵化器支持计划、出台鼓励地方金融科技系统发展的政策等。南非企业家们则围绕数字金融生态系统进行了大量创新，许多金融科技初创公司应运而生，它们大部分集中于五个领域：支付、存借款、资金募集、投资管理和市场准备金提取。南非还拥有众多的风险投资机构和投资者，为数字金融创新创业保驾护航。目前，南非有 219 家金融科技公司显现出强劲发展势头，约翰内斯堡已跻身全球金融科技生态系统百强城市之列。[①]

---

① 朴英姬：《非洲产业数字化转型的特点、问题与战略选择》，《西亚非洲》2022 年第 3 期。

数字金融的发展还受益于较高的手机和互联网普及率，并逐渐走进居民生活。南非居民对互联网金融的生活运用非常普遍。对于高收入群体来说，手机购物、使用银行 App 转账或管理财务已经十分常见，而对于没有智能手机的低收入者，也可以用手机号码绑定银行账户的方式进行转账和支付。在新冠疫情期间，南非政府实施了严格的抗疫措施，要求居民非必要不外出，很多生活用品只能依靠网购，这为南非移动支付市场获得快速发展提供了强大助力。南非本土最大的在线支付网关 PayFast 表示，疫情期间，南非人用手机操作的网购订单大增，2020 年 3 月至 2021 年 2 月，PayFast 处理的手机支付交易量同比增长 143%。[1]

当前，南非两款基于二维码技术的移动支付平台 SnapScan 和 Zapper，在餐厅、酒店、停车场、购物中心被广泛使用。其中，SnapScan 是南非推出的第一批移动支付应用程序之一，致力于改变南非人的支付和收款方式，消除不必要的障碍，优化复杂的费用结构和耗时的管理，让交易更快、更容易、更安全，使用户获得最佳的支付体验。这款应用程序可以在手机应用商店中下载，在支付时可以通过该程序扫描商店里、销售点、发票上或网站上显示的 SnapCode 二维码（或方形条码）识别商店，输入支付金额和密码（或刷指纹，或刷脸认证）后完成交易。Zapper 是英国的移动支付公司，采用与 SnapScan 不同的动态二维码实现支付。具体是用户拿手机 App 扫描账单上的 Zapper 动态二维码，然后用关联的银行卡支付。Zapper 还是支付宝的合作伙伴，2017 年 8 月，支付宝首次通过 Zapper 接入南非线下商户，南非也因此成为非洲首个线下接入中国移动支付方式的国家。2020 年 12 月，华为旗下的华为钱包手机软件与

---

[1]《数字经济成为疫情下中非经贸合作新亮点》，光明网，2021 年 9 月 25 日，https://m.gmw.cn/baijia/2021-09/25/1302604829.html.

Zapper 合作也在南非获得成功。

从技术层面来看，除二维码支付外，数字钱包、移动 POS 支付均具有较高的易用性、可负担性和可访问性，使用它们的用户可以获得贷款、保险和其他重要金融服务。南非首个支持小程序的本地钱包 VodaPay 是南非子公司沃达康与阿里巴巴集团合作开发的一款"超级应用"。这款应用程序由沃达康集团的金融服务公司运营，支付宝提供技术支持，被誉为"非洲版支付宝"。作为数字钱包和在线商务平台，VodaPay 可以绑定来自任何一家银行的账户，为客户提供移动支付、在线购物和贷款等服务，并且支持企业在该应用中吸引新客户、开展交易和投放广告。目前 Builder's Warehouse、Makro、Exclusive Books、Clicks Game、PetZone 等公司已经在 VodaPay 中创建了他们自己的小程序。而且，南非已经出现了基于移动支付的数字保险产品和数字信贷产品。数字保险包括车辆、旅行和健康保险，可以根据特定用户需求进行定制，并通过应用程序交付。数字信贷则在 2012 年就实现了萨法利通信公司与非洲商业银行的合作，通过可移动操作的储蓄存款账户，为用户提供全自动数字信贷产品。与此同时，数字金融技术发展也优化了南非跨境支付系统，尽管支持跨境支付系统的大部分技术仍然在传统平台上，但南非正在探寻一系列升级方案。南非的金融科技公司 Ukheshe 正在与其他企业合作着力提高跨境汇款速度，为 Chipper Cash、Sasai 等公司提供无缝跨境汇款服务。

随着数字金融的快速发展，数字银行自然而然地在南非诞生。2019 年 2 月，总部位于新加坡的数字银行 Tyme 与南非的非洲彩虹资本合作，在南非推出了第一家数字银行 TymeBank。TymeBank 与 IDEMIA（向客户提供认证和安全支付方法的机构）合作，提升支付安全性。2021 年年底 TymeBank 已成为全球增长最快的数字银行之一，具体体现在：在 32 个月内获得 400 万客户,且获客率明显加快,每天约有 5000 名新客户入驻;自 2020 年 3 月以来,吸收了约 330 亿兰特(约合人民币 133 亿元)的存款,到 2021 年年底拥有 26 亿兰特(约合人民币 10 亿元)的存款余额。①

第三,南非数字医疗、数字教育、数字物流在疫情中加速发展。在医疗卫生领域,新冠疫情加速了南非数字医疗的发展。据统计,2020 年非洲有超过 200 家健康科技初创企业,集中在尼日利亚、南非、埃及、肯尼亚、突尼斯、喀麦隆、乌干达等国家。② 这些健康科技企业是南非医疗卫生领域数字技术创新的生力军,推动了医疗卫生服务的数字化转型,夯实了国家医疗卫生系统的抗风险能力。南非是非洲数字医疗创新创业活跃的国家之一,在全球比较著名的南非数字医疗企业有 LifeQ、HearX 等。LifeQ 是一家通过可穿戴设备获取健康数据、为运动员和患有急慢性疾病的消费者提供企业级生物识别技术,以尽早发现健康问题而进行预防和管理的医疗科技公司,2021 年企业完成 4700 万美元融资,这笔资金正在被用于扩大运营规模。③ HearX 则是一家提供经过临床验证且充分考虑成本效益的移动式听力筛查服务的医疗科技公司,其产品包括 HearScreen、HearTesta 等。HearScreen 主要用于初级医疗机构和学校进行听力筛查,并将可能有听力障碍或听力困难的人转诊以进行进一步的诊断;HearTesta 则提供移动诊断听力测试。

---

① 《南非第一家数字银行 TymeBank,助力打造东南亚地区"开放共享"金融科技生态圈》,零壹智库,https://baijiahao.baidu.com/s?id=1721122896159809655&wfr=spider&for=pc。

② "Maps-Healthtech companies in Africa," Briter Bridges, 2020, https://briterbridges.com/innovation-maps。

③ 《出海日报丨爱回收母公司拟在纽交所挂牌上市;消息称日本考虑允许特殊目的收购公司上市》,2021 年 5 月 31 日,https://www.36kr.com/p/1248179338454017。

2020年HearX的手机应用已在38个国家完成了70万个测试，并已获得550万美元融资。在疫情期间其产品被广泛用于自助听力测试。此外，南非的数字医疗企业分布于不同的领域，有的帮助医疗机构提供诊断和治疗方案，有的提供信息类医疗服务，有的提供与治疗、设备和费用相关的管理软件，有的提供实时、准确、技术含量较高的急诊类数字医疗产品。在疫情中应用较为广泛的有在线问诊（如，在线医疗服务预约平台RecoMed）和在线产妇保健支持（如，与国家怀孕登记处和问题咨询台集成的消息传递平台MomConnect）。此外，还有医生在线开设抗疫课程，传播抗疫经验，进行远程医护人员抗疫实战培训。

在教育领域，新冠疫情期间南非的在线教育发展非常迅速。南非的在线教育处于非洲领先地位，更是减轻疫情影响的重要抓手。通过在线授课，南非各阶段的教学进程均没有受到太大影响。南非的在线教育由远程教育转化而来，覆盖范围越来越广阔。

在农业领域，以农业科技初创企业为载体，南非的农业数字化步伐也在加快。代表性的农业科技初创企业有Aerobotics和Khula。Aerobotics将卫星和无人机获得的航拍图像与机器学习算法结合在一起，为农民提供了早期问题检测服务，帮助他们监测农作物，对病虫害等潜在风险进行预警并优化产量。Khula是南非一家农业电商服务提供商，创建互联网移动市场平台（即在线商店）用于销售种子、化学品和肥料等原材料，同时基于地理位置定位技术，为农民用户提供农业物流、产品订购批发等信息和技术服务，这种服务对偏远地区的农民特别有帮助。

在产业数字化过程中，南非的数字生态系统在不断涌现的数字技术创新中得到完善。南非在非洲数字生态系统中占据着重要的位置，2019年南非拥有78个数字技术创新中心，仅次于尼日利亚（90个），而如果从最具活力的初创企业的城市分布来看，则南非的开普敦和约翰内斯堡分别名列第一和第三位，分别占12.5%和10.1%。①

（3）数字化治理情况

数字化治理包括但不限于多元治理，以"数字技术+治理"为典型特征的技管结合，以及数字化公共服务等。② 南非作为二十国集团成员对互联网经济时代给全球经济增长带来机遇与挑战的观点表示认同，并于2016年在杭州峰会上参与通过了《二十国集团数字经济发展与合作倡议》。为了给数字经济发展、确保数字包容性提供有利条件，南非将以下倡议内容作为南非数字化治理的关键任务加以落实：一是扩大宽带接入，提高宽带质量；二是促进信息通信技术领域的投资；三是支持创业和促进数字化转型；四是促进电子商务合作；五是提高数字包容性；六是促进中小微企业发展。③ 南非政府明确表示，数字经济是其发展的优先领域。政府为此专门成立了"第四次工业革命总统委员会"，为本国数字经济发展提供政策建议和战略规划，ICT的发展也被列入国家发展计划。

首先，南非数字化治理以通信和数字技术部、独立通信局为主体，并专门成立"第四次工业革命总统委员会"。通信和数字技术部于2019年6月由原通信部和原电信与邮政服务部合并而成。其在数字化治理方面的主要职责是：最大限度地扩大对信息通信技术部门的投资，为ICT行业的增长创造新的竞争性商业机会，促进社会经济发展；确保ICT基础设施方便、

---

① 朴英姬：《非洲产业数字化转型的特点、问题与战略选择》，《西亚非洲》2022年第3期。

② 中国信息通信研究院：《全球数字经济白皮书（2021年）》，2021年8月，http://www.100ec.cn/home/detail--6601100.html。

③ 《二十国集团数字经济发展与合作倡议》，2016年9月29日，http://www.cac.gov.cn/2016-09/29/c_1119648520.htm。

可靠、可负担得起且安全，以满足国家及其人民的需要；促进企业、社会、政府的合作，加快南非的社会经济发展，建设一个包容性的信息社会；提高部门绩效，增强 ICT 国有企业履行政府事权的作用；为促进非洲发展的全球信通技术议程作出贡献。

南非独立通信管理局（ICASA）是电信、广播、邮政行业的监管部门，向电信和广播服务提供商颁发许可证，并控制和管理无线电频率的有效使用光谱。目前，所有无线产品进入南非市场前必须取得 ICASA 认证，满足 ICASA 对产品的技术和功能以及设备安全和电磁兼容等方面的要求。这需要厂商向独立通信局提出入网型号认证申请，审核通过才能销售，且 ICASA 认证只能适用于南非本地注册的公司或代表机构。需要进行 ICASA 认证的数字化产品包括：大型电信系统、电信网络设备、无线寻呼设备、数字增强无线电信（DECT）设备、电信系统（GSM 和 DCS）、陆地声音广播服务信号传送器、商业化业余无线设备、蜂窝移动电话和便携式无线设备、ADSL 收发器、ISDN、航海用无线设备和服务、点对点数字固定式无线系统、无线电话设备等。在无线电频谱管理方面，为了应对新冠疫情，独立通信局调整了适用于无线电频谱的管理和许可的监管架构，对所有为应对疫情建造和安装的基础设施和网络设施进行登记，并向电信运营商临时发放新频谱，以便在全国范围的居家学习和办公期间扩展网络。①

为了优先发展数字经济，2019 年 4 月，南非政府专门成立了"第四次工业革命总统委员会"，加强国家数字化治理力量。该委员会主席由总统拉马福萨担任，副主席由约翰内斯堡大学副校长马瓦拉教授担任。该委员会由 30 名成员组成，旨在为南非在数字革命领域有所作为提供政策建议和战

---

① 参见 ICASA 官网（https://www.icasa.org.za/pages/about-us）。

略规划。① 该委员会的一个重要使命是通过协调的方式制定第四次工业革命计划，政府机构协调人由通信部长亚伯拉罕斯担任。2020年9月，南非内阁批准委员会提交有关第四次工业革命的报告，并将其刊登在政府公告上。目前，该委员会依旧在考虑如何推动各方合作，开发南非第四次工业革命的有关领域。此外，该委员会还参与制定"泛非人工智能非洲蓝图"规划，该规划源于智慧非洲联盟提出的"智慧非洲"计划。

其次，政府提出关于加快数字与云技术发展的议案。② 2021年4月，南非通信与数字技术部向国会提交了一份加快数字与云技术发展的议案，旨在增强国家数字服务能力，提高政府数据分析研判水平，保障南非数据主权与安全。规划主要涵盖以下四个方面的内容。

一是整合两家国有数字技术企业，成立国家数字基础公司。该公司有权兼容南非电力公司、南非公路局、南非运输公司等国有企业的数据库，实现大数据统一管理。

二是新建一个高性能计算与数据处理中心，整合现有公共数字资源，为国家各部门、各级机构、企业、大学、民间社会组织等提供数字云服务。为确保该中心数据服务的连续性，政府还将建设两个数据备份中心和独立的配套供电系统，确保系统不间断运行。

三是计划建立国家数字信息技术经济特区，吸引本地和外国企业在数据和云技术基础设施及服务领域投资。政府计划出台政策，鼓励经济特区企业进行技能培训和技术交流，促进南非大数据产业发展。

四是计划推进5G等技术建设，打造新形态物联网，以支撑

---

① 《南非总统拉马福萨任命第四次工业革命总统委员会委员》，中国商务部网站，2019年4月，http://za.mofcom.gov.cn/article/jmxw/201904/20190402851720.shtm。

② 《南非加快数字产业发展》，《人民日报》2021年4月15日。

南非第四次工业革命、AI 和大数据革命。

最后，出台《国家数据和云政策草案》。① 2021 年，南非通信和数字技术部发布《国家数据和云政策草案》（*Draft National Policy on Data and Cloud*），旨在打造一个"数据密集和数据驱动的南非"，以此为其数字经济的发展奠定坚实的基础。该草案和加快数字与云技术发展的议案有部分内容重合，草案对此进行了细化，主要包括以下六个方面的内容。

一是将大部分政府数据上网上云以"提升国家开展公共服务的能力"，使政策制定能够基于对数据的有效分析，同时促进南非的数据主权及安全。

二是建立新的国家数字基础设施公司（SDIC）。通过合并现有的 ICT 领域国有企业以及使用南非国家电力公司（Eskom）、南非国家公路局有限公司（Sanral）、南非国家运输公司（Transnet）、南非铁路客运局（PRASA）和南非国家研究网络（SANReN）等国企数据中心的多余容量来实现。

三是建设国家高性能计算和数据处理中心（HPCDPC），并合并现有的公立数据中心。HPCDPC 将按需为国家部门、各省市、地铁、大学、研究中心、民间社会组织和公私企业提供云服务。政府数据必须存储在 HPCDPC 中，以确保数据和信息安全。HPCDPC 将提升科学和工业研究委员会（CSIR）以及国家信息技术局（SITA）现有的计算和技术能力，并将按照国际最佳实践标准运营。HPCDPC 与 SDIC 一样，可以使用国企数据中心的多余容量，而 SDIC 将负责连接 HPCDPC 与其他所有公立数据中心。与此同时，建设另外两个高性能计算中心，并且可要求数据中心配备发电设施，以确保在主中心遭受网络攻击时备份可用，保障业务连续性，同时减少对国家电力的总体依赖。

---

① 《南非政府发布国家政策，关注数据和云服务》，腾讯网，2021 年 4 月 15 日，https://new.qq.com/rain/a/20210415A06D7600.

四是建立数字经济特区，保护本地创业公司。建立数字/ICT经济特区（SEZs），以支持本国和外国对数据、云基础设施及云服务的投资。跨国公司投资数据中心需包括技能和数字技术转移条款，以确保能够从外国直接投资（FDI）中获益。此外，对数据中心和云服务的投资还需符合对黑人经济赋权（BEE）的条款规定。

五是支持中小企业。为了在数字经济中支持中小企业，国家信息科技局将采取相关战略和干预措施，通过与政府、学术界、各组织机构及中小企业合作，支持本地开发的应用程序和其他本地科技创新项目。

六是打造数字政府。南非自2017年起实施"国家电子政务战略和路线图"，政府提出了利用信息通信技术提升治理效率的计划，目标是打造数字化政府，包括设立中央服务中心，建立"一站式"服务门户，利用云计算、物联网、大数据等技术创新系统等，为超过5700万南非公民提供电子政务服务。目前，南非电子政务发展水平已从中等水平迈入高水平行列。[1] 南非数字政府转型还注重借助外力，如，中国华为公共事业系统就通过"一云一网+公共服务"的创新模式，实现从"云接入"向"云化"转变，并提出了基于光和IP产品的政务云网络解决方案，帮助南非政府构建数字化、智能化、服务化的网络，助力南非各级政府的数字化转型。

综上所述，南非作为非洲第二大经济体，与非洲大多数国家相比有更好的发展数字经济的基础，且数字发展也处于非洲领先水平，甚至某些方面在全球范围也较为突出，但其经济发展水平、基础设施、政府政策等方面也存在一些现实问题。从

---

[1] 依据联合国的分类，非洲电子政务发展高水平国家（HEGDI）由2018年的6个增至2020年的14个，中等水平国家（MEGDI）由34个减至33个，低水平国家（LEGDI）由14个减至7个。其中，毛里求斯、塞舌尔和南非为非洲电子政务水平最高的三个国家。

数字经济的四个组成部分看,在数字产业化方面,南非是非洲大陆在数字基础设施领域最先进的国家之一,信息通信技术发展较快,拥有较大的市场潜力,数字经济贡献率相对较高。在产业数字化方面,由于网络覆盖率、网速、电信网络数据化等基础条件较好,电商市场增长迅速,在线零售发展态势良好,数字金融、数字医疗、数字教育、数字农业等产业也在稳步健康发展,但受产业结构单一所限,数字技术嫁接到产业尚不充分和全面。在数字化治理方面,疫情影响倒逼南非公共、私营组织加快数字化治理脚步,线上办公、线上会议、线上服务等在线办公形式快速推广。在数据价值化方面,南非统计部门正在打造数据生态系统,以服务于本国公共、私营部门各项决策,但在高科技人才、数据安全以及其他软硬件环境方面还存在不利因素,致使南非数据价值化相对于数字产业化、产业数字化、数字化治理三方面发展有一定程度的落后,亟待采取措施补齐短板。

2. 津巴布韦

(1) 互联网普及率较高但使用率较低

津巴布韦邮政和电信管理局(POTRAZ)2022 年第二季度报告显示,全国互联网普及率为 61.3%。虽然该国的许多地方都有互联网覆盖,但津巴布韦人在实际使用时面临的挑战包括数据和其他设备的成本。津巴布韦是通讯费最昂贵的市场之一,这直接导致互联网使用率偏低,目前仍有近一半的人口无法上网。

(2) 移动支付覆盖率位居非洲前列

世界银行 2021 年 5 月 27 日发布的《数字经济评估报告》显示,津巴布韦在移动支付领域覆盖率约为 53%,位居非洲大陆前列。该国 1450 万人口中,已有 767 万人开设了移动支付账户。不过,津巴布韦在数字经济领域仍存在短板,包括移动支付运营商之间未实现互联互通、移动支付和银行转账手续费较高等。同时，由于该国移动网络在广大农村地区覆盖范围有限，对约占总人口70%的农村人口使用数字金融服务造成很大影响。

（3）中津合作发展数字经济力度较大

2021年9月，津巴布韦政府举行该国第三阶段国家移动宽带项目（NetOne三期项目）启动仪式。近年来，中津两国密切合作，推动建成了津巴布韦超算中心、国家数据中心、国家信息设备工厂等重要项目，第三阶段国家移动宽带项目将为津巴布韦数字经济的腾飞注入新的活力。根据项目规划，津巴布韦全国范围内将新建345个基站，便利更多民众使用移动互联网服务。该项目由中国华为公司与津巴布韦覆盖范围最大的网络运营商NetOne公司合作。项目完成后，NetOne在津巴布韦全国的网络覆盖率将从目前的75%提升至85%。该项目还将对现有部分基站进行优化升级，扩大4G网络覆盖范围，并引入5G技术。津巴布韦国家移动宽带项目是中津两国的重点合作项目之一，前两阶段分别于2011年和2014年启动，已累计为津巴布韦新增2G、3G和4G基站合计2600多个。

（四）西部非洲发展情况——以尼日利亚为例

尼日利亚是非洲第一大经济体，也是非洲人口最多的国家，经济发展和国际合作位居非洲各国前列。尼日利亚是西部非洲数字经济中心，是非洲最大数字经济体，形成以拉各斯为核心的产业聚集区，发展较全面。2020年，尼日利亚信息通信技术行业增长12.9%，是当年唯一一个实现两位数增长的行业。

1. 数字基础设施不断趋于完善

2021年，尼日利亚的宽带普及率步伐快速提升。从2000年宽带互联网进入尼日利亚开始，大约以每年1.7%的渗透率提升，但从 2019 年 8 月到 2020 年 11 月，一年多时间内增长约 12%。据 Nox 聚星（NoxInfluencer）报告显示，至 2022 年 1 月，尼日利亚互联网人口规模已超过 1 亿，互联网普及率为 51%。尼日利亚占非洲所有互联网使用量的 29% 以上，大部分互联网接入是通过移动设备，由电信和互联网服务提供商（ISP）提供服务。根据 We Are Social 2022 系列数字报告，尼日利亚手机用户已达到 1.7 亿，普及率达 80% 多，随着手机的智能化程度越来越高，互联网普及率将进一步提高。

尼日利亚全国有数量众多的互联网服务运营商，其中前四大运营商 MTN、Globacom、Airtel 和 9mobile 占据了绝对的市场份额。尼日利亚通信委员会（NCC）数据显示，2021 年 10 月，这四家运营商的市场份额分别为 38.41%、27.83%、27.07% 和 6.69%。2022 年年初，尼日利亚正式发布 5G 数字经济国家计划。5G 网络将进一步促进经济发展，提升其创造就业机会的潜力。

2. 数字经济应用场景不断拓展

在物流配送方面，2020 年尼日利亚两家主要租车公司的货运订单增长 5 倍，肯尼亚电商快递公司"捷特博达"的订单一度增长 150%。联合国资本发展基金与乌干达一家运输公司合作，创建了新的电商运输平台，旨在将小企业与客户联系起来。

第三方支付、移动支付等支付方式方兴未艾。在支付方面，截至 2021 年，尼日利亚的支付格局正处于"群雄割据"的状态：卡支付占总比重的 35%，现金支付和银行转账的市场份额为 23% 和 21%，而电子钱包只占到 10%。但是，尼日利亚银行间结算系统（NIBSS）的数据显示，从 2022 年 1—7 月，通过 NIBSS 即时支付平台（NIP）进行的电子支付交易达到 205.4 万亿美元，比 2021 年同期的 145.8 万亿美元增长了 40%，电子支付占比迅速上升。由于 Jumia 和 Konga 等电商巨头的存在，尼日利亚的本地支付平台也相当活跃，其中较为突出的有Paystack和Verve。Paystack签约商户超过6万家，该公司报告的交易量比疫情前增加了5倍。

日益便利的电商服务正在改变非洲民众消费习惯。2020年尼日利亚的B2C电子商务市场规模约185亿美元，消费者人均消费417美元。其中，有53%的消费者在移动设备上下单，跨境购物者占61%。尼日利亚40%以上的顾客计划今后减少在超市购物，转而通过网上购买食品、服装和电子产品。有数据显示，2021年B2C电子商务市场规模进一步上升时达到约245亿美元。根据统计门户网站Statista的数据，2021年，尼日利亚电商用户数量为7800万，在非洲排名第一。

移动应用平台使用文化较为成熟。尼日利亚有2400万活跃的社交媒体用户，96%以上都是通过手机端访问，使用最多的社交平台是WhatsApp、Facebook、Instagram、Youtube。通讯和社交软件日活跃用户体量最大，且保持一定的增长率。

3. 数字经济类企业加快集聚

尼日利亚金融科技企业发展迅速，是其在非洲的主要集聚地之一。2009—2019年，非洲的金融科技公司数量以每年24%的速度增长。2021年，尼日利亚金融公司超过200家，过去3年融资超过5.6亿奈拉，其中有39%的金融公司提供支付服务，28%提供借贷服务，11%提供储蓄服务。从地域分布来看，金融公司普遍聚集在拉各斯和首都阿布贾。随着尼日利亚金融科技的使用日益增多，尼日利亚交易所（NGX）的报价数据显示，2022年上半年尼日利亚银行从其在线业务中赚取了1581.65亿奈拉，与2021年同期的1357.89亿奈拉相比，收入增长了16.48%。

尼日利亚电商企业较多，网购用户数量在非洲排在第一位，尼日利亚、南非和肯尼亚三国合计拥有非洲超过40%的网购用户，催生出类似 Jumia 和 Konga 这些在经营规模和融资额度上都处于前列的巨头公司。

尼日利亚数字物流企业较多，集中于货运、"最后一公里"、车货匹配、冷链、仓储等方面。总部位于尼日利亚拉各斯的 Kobo360、总部位于肯尼亚内罗毕的 Lori Systems 已经成为非洲车货匹配领域的代表。

由于尼日利亚相对较高的城市化率和道路设施条件，数字出行企业发展迅速。尼日利亚拉各斯拥有 2100 万人口，人口年均增长 2%—3%，城市十分拥挤；但是，缺乏有效的公共交通系统及相应规划，持续的交通拥堵非常影响出行便利。非洲穷人每天出行的总次数中，超过 75% 是步行，普通出租车和摩托车出租车占非洲机动旅行总数的 75%—80%。这都为数字出行企业提供了发展机会。

许多教育科技类的初创公司崭露头角。诞生于尼日利亚的 Andela 是非洲数字教育领域的代表，这家成立于 2014 年的 IT 职业培训及软件外包公司，在最新一轮融资中筹集了高达 1 亿美元的资金，并且已经将业务范围从尼日利亚扩展到了东非的肯尼亚、乌干达和卢旺达。随着互联网渗透率的提高，许多教育科技类的初创公司利用科技手段，弥补目前教育资源的不足。不过，由于该类型公司的产品需要依赖电脑及智能手机等设备，更多地面向中高端市场，难以惠及低端市场。

尼日利亚的 AI 企业正在解决医生短缺和非洲农村缺乏医疗服务的问题。尼日利亚是孕产妇和儿童死亡率最高的国家之一。近年来，该国涌现了一批初创公司，这些公司通过科技手段，解决药品分销、医疗保健记录、医疗保险、医疗设备共享及租赁、在线诊疗等各个细分领域的痛点，缓解医疗资源不均及利用效率低下的问题。

此外，以人工智能为重点的企业已经开始致力于农业规划、降低金融交易成本、改善公共交通效率。尼日利亚还是工业 4.0

企业、数字能源企业、数字医疗企业的主要集聚地。

4. 创投生态良好，独角兽企业众多

尼日利亚是非洲互联网独角兽诞生地，优秀创业团队众多。创业者主要集中在互联网金融、电商及生活服务、能源发电、交通出行等领域，有代表性的公司是 Jumia、Paystack、Flutterwave 等。明星初创公司也层出不穷，前有 Jumia 在美国上市，后有 Interswitch 获 Visa 的 2 亿美金投资（占股 20%），成为非洲第二家独角兽公司。

投资机构众多，融资规模增幅很大。在尼日利亚活跃的风险投资机构有 98 家，除了欧美老牌 VC 和国际开发性金融机构旗下的基金如 IFC、Norfund、CDC Group 外，还有很多本地优秀的投资机构，如 EchoVC、CRE Venture Capital 等。中国投资机构从 2018 年开始关注非洲，目前已经有超过 20 家中国 VC、超过 10 家中国大型互联网公司考察或投资过面向非洲的创业公司。从整体融资规模和活跃程度来说，尼日利亚也遥遥领先其他国家。2018 年，尼日利亚 148 家初创公司共融资 1.78 亿美金，是 2017 年的两倍之多。2019 年融资超过 100 万美金的公司超过 20 家，数量仅次于埃及。

5. 政府在促进数字经济发展中发挥积极作用

为推进数字经济发展，尼日利亚通信部更名为通信和数字经济部，2019 年推出经济增长和复苏计划，对尼日利亚经济进行"数字化"转型。

（1）重视数字经济顶层设计和政府推动

对数字经济发展做出规划。尼日利亚在"2021—2025 年国家发展计划：第一卷"（National Development Plan 2021 - 2025： Volume I）中，计划到 2025 年将 400 亿美元的私人资本投资引入数字基础设施建设。到 2025 年，将把数字经济对 GDP 的贡献

率从 10.68% 提高到 12.54%。其他目标还包括改进电子政务、提高数字素养、改进数字基础设施、改进数字金融服务、鼓励数字创新创业、增强数字技能。

尼日利亚倾力推动通信和数字经济综合体（CDEC）和紧急通信中心（ECC）建设、国家宽带计划（NBP）以及国家创新和创业培训计划施行。其中，通信和数字经济综合体是有效协调国家数字经济运营的枢纽。2020年，尼日利亚已经拥有18个紧急通信中心，分布在17个州，包括首都阿布贾，未来有望拓展到更多地区。国家宽带计划（2020—2025）是由布哈里总统发起的，由部长推动，设定2025年宽带率达到70%的目标。国家创新和创业培训计划是部长的一项倡议，将有助于在创业公司中培养必要的技术技能，进一步推动尼日利亚的数字化转型，为数字经济做准备。

为数字经济发展保驾护航。宽带互联网渗透率的不断增加，是因为政府一直致力于为国家的移动网络运营商和其他互联网服务提供商营造有利环境，特别是通行权、多重征税、破坏基础设施等方面，障碍的破除和问题的解决，很大程度上要靠政府的努力。

（2）成立区块链联盟，首发数字货币

尼日利亚成立区块链联盟，希望利用区块链技术的潜力从中获取价值，目标是到2030年从区块链技术中实现100亿美元的收入。区块链技术将帮助尼日利亚从公共部门流程和服务、土地管理、教育和医疗保健的金融服务中获取价值，因为区块链将在追踪产品和服务方面发挥关键作用。区块链工作组（BTF）将由国家数字经济委员会（NDEC）支持，成员来自主要利益相关者团体、相关政府机构和私营运营商。BTF将由尼日利亚信息技术监管机构（NITDA）支持。尼日利亚区块链联盟可能会受到某些标准的指导，因为它有一个明确的方向和目的，以确保有效地实施这一战略，以实现数字经济增长。

2021年11月，尼日利亚央行正式推出数字货币"e奈拉"，成为首个正式启用数字货币的非洲国家。目前，尼央行已向金融机构发放5亿奈拉的数字货币，33家银行、2000名客户和120家商户已在平台注册运行。"e奈拉"可以在未来10年内使尼日利亚的国内生产总值增加290亿美元。

（3）倡导数字主权，开发大数据资源

尼日利亚政府已将大数据资源确定为该国数字经济发展的关键，这将改善服务的提供，创造就业机会和商业机会，从而改善人民的生活。不仅如此，"数字主权"将成为更多非洲国家的诉求与主张。在埃及、尼日利亚、乌干达、南非、埃塞俄比亚等国，"数字主权"主张相对明确。在此趋势下，会有更多非洲政府机构、国有企业等将原本存储在欧美的数据迁移回国，催生对数据中心和云服务的强烈需求。

（五）北部非洲发展情况——以埃及为例

截至2022年1月，埃及人口超过1.06亿，是非洲大陆第三大人口大国，位列尼日利亚和埃塞俄比亚之后。埃及是北部非洲数字经济中心，形成了以开罗为中心的产业聚集区，宽带网络和电商发展迅猛。埃及信息通信技术部门在增加埃及数字出口方面取得了巨大成功，其2016年出口额仅为15亿美元，2020年出口额达到41亿美元，在国内生产总值中的份额从3.2%增加到4.4%，相关行业就业人员增加到28.1万人。

1. 互联网普及率较高

根据统计门户网站Statista的数据，2021年，埃及的互联网用户数量约5710万人，互联网普及率达到57.3%，高于非洲的平均水平；埃及手机用户为9575万人，相当于总人口的92.7%，其中智能手机普及率为26%，埃及移动互联网普及率为55%。根据Speedtest全球指数,埃及的平均固定宽带网速从2019年1月的6.5Mbps上升到2021年11月的45.67Mbps,在非洲居第四位。从移动网络技术来看,3G比较普及,3G服务已覆盖90%的人口。

2. 电子商务市场迅速增长

自2017年以来,埃及电子商务市场规模每年以约30%的速度飞快增长,近两年由于消费方式转型增速更快,2020年年增长率高达63.7%。由于新冠疫情的影响,2020年埃及电子商务的数量翻了一番,增长速度高达50%。埃及青年商人协会发布的一项报告显示,2021年埃及电子商务交易额达800亿埃镑(约合50亿美元)。其中,电子产品交易名列前茅,在电子商务交易额中的占比达28%,其次是时尚商品(21%),食品和个人护理用品(19%),玩具、业余爱好和DIY产品(19%),家具和电器(12%)等。亚马逊、Jumia和Noon等主要在线平台的销售额占整个市场的50%。此外,D2C销售模式的崛起也为埃及电商领域作出积极贡献,许多电子商务品牌都在本地采购和制造,并直接销往国际市场。2021年,埃及电商的融资总额超过了1.5亿美元,比2020年增长了约5倍。在埃及的117家电商初创企业中,有15家是综合性电商平台,19家专注于服饰,16家专注于食品和杂货,46家专注于其他细分市场。

自新冠疫情暴发以来,72%的埃及消费者更多地选择在线购物,电子产品、时尚、医疗和杂货是他们最常网购的产品类别。根据统计门户网站Statista的数据,近80%的埃及人上网搜索过网购商品和服务,超过70%的人有过浏览线上商店的经历。在埃及网络购物市场,男性占了主导地位,占77%,半数网上购物者的年龄为26—35岁。大部分埃及人线上购物时都选择货到付款,不过如果在线支付的安全性可以得到保障,仍然有67%的被调查者愿意使用在线支付。

3. 物流出行数字化稳健推进

2016年优步（Uber）进入埃及，彼时埃及还没有针对共享出行的相关法律法规，到2017年才正式出台相关管理办法。后来，中东的打车平台Careem也进入埃及，并且在2019年年初被Uber收购。公交出行领域的Swvl也是2017年创立的，目前已经成为埃及最大的巴士出行规划和预订平台。

TOB端的物流领域，信息化的改造早已开始。为保障物流高效运行，2019年，埃及斥资533亿美元实施了51个公路项目、24个铁路项目和两个高铁项目，打造大开罗物流中心，建成连接地中海和红海的国际物流带。2022年，埃及"最后一公里"配送公司Mylerz完成960万美元的融资，以扩大其在埃及和北非的业务，该公司首次在埃及推出当日送达服务，确保在2—8小时内将包裹交付。Mylerz目前运营着一支由350多辆环保车辆组成的车队，两年内创下了交付200万个包裹的纪录。与传统车辆相比，这些车辆的初始成本更高，不过被较少的燃料需求所抵消。

4. 金融科技行业发展步入快车道

2020年，埃及新《银行和中央银行法》为数字支付、银行和货币的运营搭建了监管框架。埃及首家独立电子钱包提供商Raseedy于2020年推出。2021年11月，埃及金融监管局宣布推出"2021年数字普惠金融计划"，希望借此为无现金支付系统发展、提高金融普惠率和遏制非法经济提供支持。该计划特别强调，希望增强非银行金融活动的数字支付工具的使用率，特别是在小微企业活动中的使用率。

埃及"2030愿景"把大力发展数字支付和电子金融作为重要部分。目前，埃及的数字支付技术部门包括39家银行、39家保险公司、900家小额融资金融公司和民间社会组织、44家移动电话网络运营商和50家电子支付公司等,这为埃及的数字支付提供了强有力的支持和提升空间,电子金融和无纸化经济将得到蓬勃发展。疫情导致民众对数字支付的依赖度提升,新冠疫情期间,埃及消费者用于在线或交付的数字支付(包括非接触式卡、移动钱包和二维码支付等)使用量增长了近7倍(690%),而现金使用量持续下降,下降了85%。

与电商市场相对饱和且头部效应明显的情形不同,金融科技企业显然具有更大的发展空间。金融科技初创企业虽然在数量上少于电商企业,但在融资方面最受青睐。2021年,埃及金融科技行业吸引的投资金额增速就达到了前所未有的300%。埃及金融科技行业取得了巨大进步——从2014年仅有两家初创企业到2021年达到112家,增长55倍,埃及已跻身金融科技行业活跃的非洲4强行列(另外3国是肯尼亚、尼日利亚和南非)。2021年,49.2%的金融科技企业参与了加速器或孵化器,其中支付平台占绝大多数。2017—2021年,流向金融科技及相关初创企业的资金从90万美元增至2.5亿美元,金融科技交易量也从3笔交易增至32笔交易,增长了近10倍。

三 非洲数字经济发展的潜力与路径

非洲数字经济发展虽仍处于较低水平，但具有较大潜力，如非洲青年人口红利引领数字经济进步需求。本报告在深刻分析非洲数字经济发展潜力的基础上，提出了非洲面临的几个问题，进而辨析非洲数字经济弯道超车的可能。同时，阐述非洲与欧美合作的若干困难，并提出中非合作具有广阔前景。

（一）人口和经济增长扩大数字经济潜力

非洲数字化程度总体不高，但发展速度较快。长远来看，非洲人口、经济总量和数字基建三个方面将对数字经济构成较大的发展潜力。

1. 人口数量多且年轻化

非洲是全球人口增长的主要来源地。从全球人口趋势演变来看，美国、欧洲、日本以及中国的本土新生人口数量已经下滑，非洲是全球人口增长的主要来源地。根据联合国《2022年世界人口展望》报告，截至2022年7月1日，非洲人口为14.27亿，已经超过中国（14.26亿），且预计到2050年非洲人口相当于中国人口的1.9倍。[1]

---

[1] 《2022年非洲人口已经超过中国人口》，腾讯网，2022年7月16日，https://new.qq.com/rain/a/20220716A04PBL00.

更重要的是，大量非洲人口还没有接触数字产品或服务，消费潜力巨大。因此，西方社会经常把非洲称为数字经济"最后10亿人"（last billion）的大市场。预计到2025年，撒哈拉以南非洲将有6.15亿移动通信用户，渗透率达50%，智能手机流量也将显著增加。也就是说，未被满足的10亿人以及不断增长的人口将陆续释放出数字消费需求，提高数字产品和服务的消费数量。随着非洲人均收入的提高，对数字产品和服务的需求层次也不断提升，如智能手机逐渐取代非智能手机成为主要通信工具。

非洲常被称为"最年轻的大陆"，15—35岁的青年人口超过4亿人，人口年龄的中位数仅为20岁。从人口结构来看，年轻人对数字技术新事物接受较快，人口年轻化有利于数字经济快速发展。根据国际电信联盟数据，截至2020年，非洲青年互联网渗透率仅为39.6%，填补数字鸿沟潜力巨大。

2. 经济增速较快

从经济学理论来看，非洲的经济增长潜力很大，因为它距离经济均衡的稳态较远。世界银行、IMF等国际组织也普遍认为非洲将是未来全球经济的重要增长极。事实上，近些年非洲的经济增速总体上确实较快。但新冠疫情的暴发中断了非洲25年的增长进程，2020年非洲经济首次陷入负增长，2021年虽有所反弹，但仍慢于全球其他地区复苏的步伐。2022年5月，非洲开发银行发布的《2022年非洲经济展望》报告指出，在新冠疫情的背景下，非洲经济在经历2020年2.1%的负增长后，于2021年快速反弹，增长率达6.9%；但疫情依然导致非洲2021年损失2200万个就业机会，新增3000万极度贫困人口。报告预测，受俄乌冲突影响，非洲2022年、2023年将分别新增180万、210万极度贫困人口，非洲经济增速2022年、2023年将分别回落至4.2%、4.0%。

随着非洲一体化发展的推进,非洲经济增长潜能将进一步释放。2021年1月,《非洲大陆自由贸易协定》正式启动,旨在进一步降低关税、消除贸易壁垒,促进区域内贸易和投资发展,形成一个覆盖12亿人口、GDP累计达2.5万亿美元的单一大市场。它有可能加速非洲的外国直接投资流入并改变其构成,加快增长来源的多样化,从而促进非洲对外贸易和区域内贸易。而且,这种多样化将减轻该地区经常性国际收支危机的风险。[①]《非洲数字化转型战略(2020—2030)》指出,到2030年非洲将建立一个安全的数字单一市场,确保人员、服务和资本的自由流动,个人和企业可以无缝接入并参与非洲大陆自贸区的在线活动。随着非洲大陆碎片化的市场被整合为世界最大市场之一,企业可以利用规模经济产生的竞争力和生产率收益来发展区域价值链,进而推动数字经济增长来源多样化并扩大数字贸易,形成良性循环。

非洲经济增长为其数字经济创造丰富场景,为高速列车网络、非洲大陆自贸区、跨境光缆、电子商务、非洲护照、泛非电子网络、非洲数字大学、金融科技、在线教育、数字安全、远程医疗发展创造新机遇。据预测,非洲数字经济规模到2025年将达到1800亿美元,占非洲GDP的5.2%,到2050年将达到7120亿美元。

3. 数字基建缺口大

非洲数字基建正加速推进。非洲基础设施发展规划(PIDA)是由非盟、非洲发展新伙伴计划(NEPAD)和非洲开发银行(AfDB)于2010年发起的一项倡议,旨在帮助优先考虑、准备和

[①] Hippolyte Fofack, "Dawn of a Second Cold War and the 'Scramble for Africa'," Brookings, May 2022, https://www.brookings.edu/research/dawn-of-a-second-cold-war-and-the-scramble-for-africa/.

监测非洲大陆基础设施网络和服务，即能源、运输、信息和通信技术以及跨境水资源。非洲基础设施发展规划的预期成果包括降低能源成本和增加使用机会，降低运输成本和提高非洲内部贸易、水和粮食安全，以及增加全球联通。据非盟驻华大使2022年3月的介绍，目前非洲基础设施发展规划（PIDA）在整个非洲大陆的主要项目有409个，其中114个（28%）涉及信息和通信技术、54个（13%）涉及能源、232个（57%）是运输项目、9个（2%）是水项目。[①]

一方面，工业互联网短板突出。根据联合国工业发展组织发布的《2020年工业发展报告》，美国、日本、德国、中国大陆、中国台湾、法国、瑞士、英国、韩国和荷兰十大经济体占全球数字化制造技术91%的专利和70%的产品出口，非洲数字经济占比极小。

另一方面，非洲与全球相比、非洲农村与非洲城市相比，数字鸿沟较大。全球47个最不发达国家有33个在非洲，"贫富鸿沟"加剧数字鸿沟。根据国际电信联盟发布的《衡量数字化发展：2021年事实和数字》，城乡数字鸿沟问题在全球各个地区都普遍存在，在非洲国家尤为突出。2020年，世界范围内，城市地区互联网使用人数比重（76%）接近农村地区互联网使用人数比重（39%）的两倍；在发达国家，城乡数字鸿沟已经几乎被磨平，城市地区互联网使用人数比重（89%）仅比农村地区高4个百分点；而在发展中国家，城市地区互联网使用人数比重（72%）达到农村地区（34%）的2倍以上，在非洲甚至高达3.3倍（见图3-1）。

[①] "Q&A: The African Union Ambassador to China Reflects on the Outcomes of FOCAC and 'What's Next'," March 24, 2022, https://chinaglobalsouth.com/analysis/qa-the-african-union-ambassador-to-china-reflects-on-the-outcomes-of-focac-and-whats-next/.

(%)
全球 76 / 39

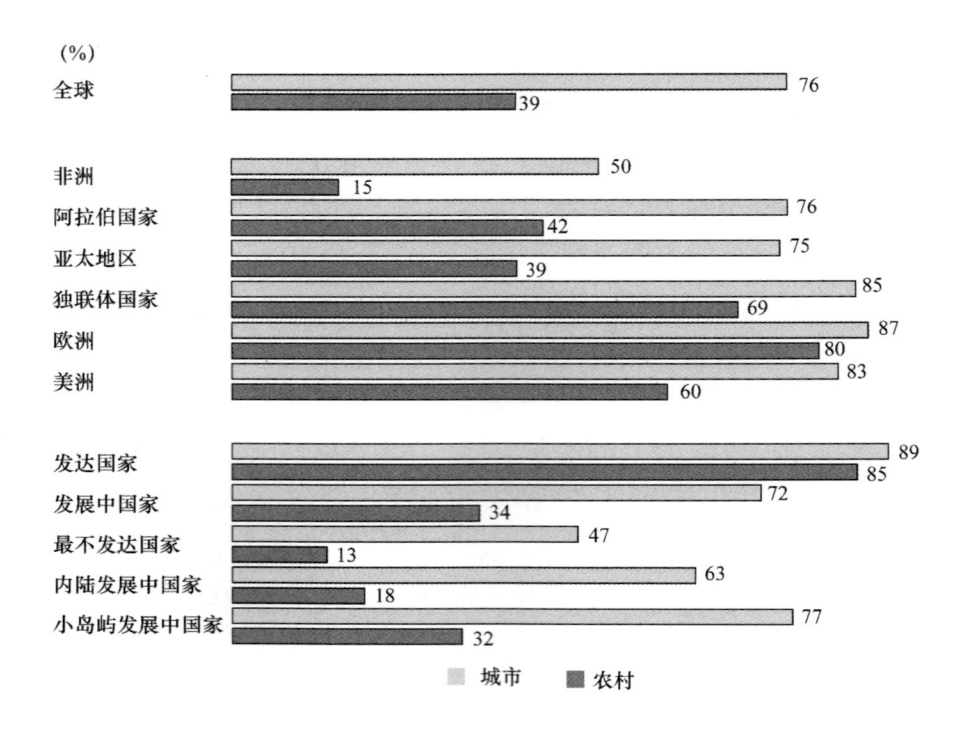

非洲 50 / 15
阿拉伯国家 76 / 42
亚太地区 75 / 39
独联体国家 85 / 69
欧洲 87 / 80
美洲 83 / 60

发达国家 89 / 85
发展中国家 72 / 34
最不发达国家 47 / 13
内陆发展中国家 63 / 18
小岛屿发展中国家 77 / 32

■ 城市　■ 农村

图 3-1　2020 年全球各地区城乡互联网使用人数比重

资料来源：国际电信联盟《衡量数字化发展：2021 年事实和数字》。

（二）存在的问题

尽管非洲数字经济发展较快且对外合作增强，但非洲本身仍存在一些问题，限制了数字经济的稳健发展。

1. 非洲政治社会不稳定因素上升，影响数字经济长期发展

根据"武装冲突地点和事件数据库项目"（Armed Conflict Location and Event Data Project，ACLED）的统计结果，2020 年非洲与冲突有关的死亡人数比十年前增加了近 10 倍，达到 2 万多人。索马里、萨赫勒地区的恐怖主义活动猖獗，在国际社会与地区国家的联合打击下依然有能力发动大规模袭击，已成为全球恐怖主义最严重的地区。2021 年，该地区因恐怖袭击死亡的人数占

全球恐袭致死人数的35%（2007年占比仅为1%）①。

这些不稳定因素放大了人们对非洲风险的认知，提高了资金成本，破坏了宏观经济稳定形势和经济增长进程，阻碍了数字化转型所需的耐心和长期投资。

2. 电力、定位系统等配套设施不足

非洲电力、资本、人才等要素供给不足，尤其在撒哈拉以南非洲，不稳定的电力供应直接影响了数字基础设施效能。近年来，非洲电力生产获得较大发展，电力对人口的覆盖率由2015年的42%升至2021年的56%，但依然难以满足非洲的用电需求。非洲开发银行预计，2020—2040年，非洲能源建设领域每年尚有1000亿美元的资金缺口。② 特别是非洲的地址系统比较落后，缺乏精确的地理定位能力。根据联合国2012年的数据，因为地址系统不完善，在非洲有4.4亿人口无可登记在册的家庭住址，拥有个人家庭邮寄地址的比例只有36%。③ 非洲"最后一公里"物流成本非常高。"最后一公里"的平均国际成本约为产品成本的28%，据联合国主导的eTrade for all initiative倡议估计，这一比例2019年在非洲达到35%—55%④。而且，非洲的充电桩等基础设施严重不足。Uber、滴滴等网约车为迎合全球绿色发展需

---

① Global Terrorism Index 2022, "Measuring the Impact of Terrorism," *Institute for Economics & Peace*, March 2022.

② 《非洲近年电力生产获得长足发展》，中国商务部网站，2020年5月30日，http://ml.mofcom.gov.cn/article/jmxw/202205/20220503315112.shtml.

③ "Addressing the World—An Address for Everyone," UPU, 2012, https://www.upu.int/UPU/media/upu/publications/whitePaperAddressingTheWorldEn.pdf.

④ "Logistics Update Africa: Getting Past the Hurdles to the Last Mile," eTrade for all, May 22, 2019, https://etradeforall.org/news/logistics-update-africa-getting-past-the-hurdles-to-the-last-mile/.

要,在非洲开始了电动化的尝试,但这一举措面临非洲相关基础设施较为欠缺的考验。此外,非洲本土的资本和数据供给也跟不上数字经济发展的需求,不少非方企业不得不转向域外寻求产业要素。

3. 数字设施、数字产品及服务的使用率较低

尽管非洲人口基数大、产业潜在产值大,但人均消费水平较低,对数字产品和服务的有效需求依然不高,导致使用率较低。考虑到地域广袤,单位面积的消费密度更低,而成本却因运输距离而提高,导致收益很难覆盖成本。尤其是新冠疫情期间,受到疫情影响,民众出行需求减少,Uber、滴滴等网约车公司在非洲市场上均出现一定的亏损。再以农业数字化为例,非洲的农产品和畜牧业需要更多数字技术支持,如为牛羊安装定位系统,但这个在中国使用率仍不高,在非洲的收益就更低了。此外,供给端的人才缺失,智慧城市建设人员、畜牧人员等实际操作数字设备、处理和使用数据的水平有限,在很大程度上限制了数字设施的实际使用。

4. 债务率较高

长期以来,债台高筑一直是困扰非洲发展的重要因素(见表 3-1)。新冠疫情导致该状况进一步加剧。

疫情冲击以及相关防控和社会救助措施开支,加剧了非洲国家政府财政的紧张状况,其偿债能力进一步下降。国际社会虽出台了对包括非洲在内的发展中国家的减债和缓债措施,但仍有超半数的非洲低收入国家已陷入债务困境或者处于债务高风险之中。2021 年,非洲国家平均债务水平约为 56.6%,恢复到疫情前水平仍需数年时间。

表 3-1　国际货币基金组织对非洲国家的债务可持续性评估结果

	2014 年	2017 年	2019 年
陷入债务危机	无	2 个：乍得、冈比亚	7 个：刚果（布）、冈比亚、莫桑比克、圣多美和普林西比、南苏丹、苏丹、津巴布韦
高债务风险	5 个：布隆迪、乍得、科摩罗、刚果（金）、圣多美和普林西比	6 个：布隆迪、喀麦隆、中非共和国、加纳、毛里塔尼亚、圣多美和普林西比	11 个：布隆迪、喀麦隆、佛得角、中非共和国、乍得、吉布提、埃塞俄比亚、加纳、毛里塔尼亚、塞拉利昂、赞比亚
中债务风险	14 个：布基纳法索、中非共和国、科特迪瓦、冈比亚、加纳、几内亚、几内亚比绍、马拉维、马里、毛塔尼亚、莫桑比克、尼日尔、塞拉利昂、多哥	18 个：贝宁、布基纳法索、科摩罗、刚果（布）、刚果（金）、科特迪瓦、埃塞俄比亚、几内亚、几内亚比绍、利比里亚、马达加斯加、马拉维、马里、莫桑比克、尼日尔、塞拉利昂、多哥、赞比亚	14 个：贝宁、布基纳法索、科摩罗、刚果（金）、科特迪瓦、几内亚、几内亚比绍、肯尼亚、莱索托、利比里亚、马拉维、尼日尔、马里、多哥
低债务风险	11 个：贝宁、喀麦隆、刚果（布）、埃塞俄比亚、利比里亚、马达加斯加、卢旺达、塞内加尔、坦桑尼亚、乌干达、赞比亚	4 个：卢旺达、塞内加尔、坦桑尼亚、乌干达	5 个：马达加斯加、卢旺达、塞内加尔、坦桑尼亚、乌干达

资料来源：IMF《非洲经济报告 2019》。

（三）"弯道超车"路径分析

纵观非洲数字经济的实际表现，已在制定战略发展规划、采用最先进技术、应用于最广泛的场景、采纳最前沿的监管规则四方面呈现出弯道超车迹象。

1. 制定战略发展规划

非盟及主要国家出台数字战略。数据现在是世界上最大、最昂贵、最重要的商品，任何社会都不能忽视它的潜力。非洲正为数字经济而建设，而不仅是挖矿和钻探石油。非盟《2063年议程》包含建设泛非电子网络、非洲在线大学等多个数字经济相关旗舰项目，《非洲数字化转型战略（2020—2030）》规划非洲数字化发展目标和方案。尼日利亚在其《2021—2025年国家发展计划：第一卷》中对数字经济发展作出规划，指出到2025年将把数字经济对GDP贡献率从10.7%提高到12.5%。南非成立"第四次工业革命总统委员会"，为数字经济发展提供政策建议和战略规划；还出台《国家数据和云政策草案》，拟将大部分政府数据上网上云，提升公共服务能力，建立国家数字基础设施公司。埃及出台《2030年信息通信技术战略》《数字埃及》等重要规划以推动数字转型、数字创新、数字基础设施和数字治理。此外，肯尼亚、摩洛哥、加纳、埃塞俄比亚、阿尔及利亚、乌干达等国均出台数字经济发展政策。

非洲积极利用国际舞台显示"用市场换技术"政策信号。非洲政策制定者正采取若干步骤来引导全球数字经济对话，利用非洲较大且极具潜力的市场吸引国际社会关注、引进技术和资本。2019年，南非主办了非洲问题世界经济论坛，希望拥抱第四次工业革命的经济潜力。2022年5月，阿尔及利亚举办"数字非洲峰会"，其主题是"让阿尔及尔成为非洲创新创业之都"。2022年6月，第八届世界电信发展大会在卢旺达首都基加利开幕，这是该国际大会首次在非洲举办，与会代表呼吁国际社会加强协调，共同努力缩小全球数字鸿沟。2022年10月，埃塞俄比亚举办首届泛非人工智能会议，汇集来自学术界、工业界和政府机构的人工智能研究人员、计算科学家、工程师、企业家等，共同讨论应用人工智能的最新趋势、机遇、挑战以及通过利用人工智能实现非洲可持续发展的战略。

2. 采用最先进技术

"跨越式发展"的概念经常被用于非洲。有研究认为非洲直接进入了技术驱动型经济模式,跨越了曾推动日本、韩国和中国快速增长的劳动密集型制造业阶段。移动和数字技术的普及被视为跨越式发展的关键。2001年,尼日利亚约有1.4亿人口,但仅有约10万条固定电话线路。南非电信公司MTN在2001年出价2.85亿美元购买移动运营牌照,据该公司估计拥有手机的尼日利亚人永远不会超过1500万。如今,尼日利亚手机用户早已突破1亿人。

非洲国家在科技引领带动下能够实现跨越固话、银行服务和电网,将能更深刻地影响各行各业和方方面面的生活。根据世界银行的数据,非洲占世界人口的16%,但发电装机容量仅为全球的2.8%。撒哈拉以南非洲只有37%的人可以用上电,这意味着仍有6亿人生活在黑暗中。然而,据行业报告显示,截至2017年,共有7300万户非洲家庭(主要在非洲国家)用上了太阳能电力。这种快速普及,使得非洲一些偏远地区从不通电一步跨入绿色电力阶段。

研究普遍认为,非洲国家可以缩短数字经济发展时间。历史上,英国花了150年甚至更长时间,通过一场利用水力、风力和蒸汽动力的工业革命,才从农业国家转型为发达经济体。日本实现同样转型的速度更快,新加坡、中国大陆、中国台湾、韩国等经济体在短短两代人的时间内就从贫困跃升至中等收入或高收入之列。

非洲历经约20年快速发展,成功跨越PC互联网时代,进入移动互联网时代。非洲数字基础设施建设势头迅猛。一是非洲光纤骨干网络发展迅速。2020年6月,非洲光纤网络达到约107万千米,是2010年的3.2倍。二是移动宽带覆盖持续扩大,5G已起步。撒哈拉以南非洲2014年移动宽带覆盖率为49%,2020年达81%,网速提高2.3倍。北非区域2014年移动宽带覆盖率为68%,2020年达91%,网速提高3.7倍,且5G网络覆盖率达5%。三是互联网用户迅速增加。据国际电信联盟统计,2021年非洲有9.08亿手机用户，为2011年的两倍；有4.48亿移动宽带用户，为2011年的19.5倍；有3.6亿互联网用户，为2011年的5.6倍。四是数据本地化进程引发数据中心爆炸式增长。

3. 应用于最广泛的场景

非洲正积极利用数字经济改进产业和民生，任何社会都不能忽视它的潜力。目前，非洲各国正致力于使科技为全世界所有公民带来一个繁荣的时代，而不是一个少数人统治的时代。2019年，世界经济论坛非洲峰会（World Economic Forum on Africa）在南非举办，南非国家领导人明确表示，希望拥抱第四次工业革命的经济潜力。2022年5月，阿尔及利亚举办主题为"让阿尔及尔成为非洲创新创业之都"的"数字非洲峰会"，有来自20多个非洲国家和世界其他地区的1200多名业界人士及100多家参展商与会。2022年6月，第八届世界电信发展大会在卢旺达首都基加利开幕，这是该国际大会首次在非洲举办，与会代表呼吁国际社会加强协调，共同努力缩小全球数字鸿沟。尼日利亚、加纳、毛里求斯和肯尼亚也在这方面加紧努力，利用最先进的技术商业交易、开展中小学和大学线上教学，以及打击恐怖主义。数字技术极大地改变了人们的生活，使人们有机会进入新的市场，并通过远程医疗改善和提高医疗服务水平。非洲政策制定者正采取若干步骤来引导全球数据对话，在技术上"押注"，让技术来引导政治，还试图建立一个非洲共同的知识产权机构。根据统计门户网站Statista的预测，2020年非洲电子商务市场的收入达到184.2亿美元，到2024年，市场规模可达346.62亿美元，平均年增长率达到17.1%。在尼日利亚拉各斯、坦桑尼亚达累斯萨拉姆等繁荣城市，一些城市精英正在使用优步和Taxify等叫车App，并在网上订购外卖食物和商品。在科特迪瓦，渣打银行推出了旗下首家全数字化的零售银行，并把这个西非国家作为在全球推出数字服务的试点。

数字包容性将更多非洲民众纳入现代经济体系。基于移动钱包平台，储蓄、贷款、保险、投资等在线金融服务的蓬勃发展，将广大非洲民众纳入现代经济和金融体系，已然形成基于数字技术和非洲特色的普惠金融体系。以肯尼亚为例，移动钱包出现前，该国"金融鸿沟"严重。金融市场的不完善导致金融服务稀缺，银行网点只有 2000 多个，且定位为服务少数高端群体。运营商 Safaricom 于 2007 年推出移动钱包 M-Pesa，迅速获得肯尼亚民众广泛接受，还拓展到坦桑尼亚、莫桑比克、刚果（金）等非洲国家，M-Pesa 月活跃用户数已超过 5000 万，每年创造 7.65 亿美元营业收入。

数字经济促进了非洲的创业和就业。中美作为数字经济大国，拥有大型数字企业和互联网公司。但非洲情况有所不同，除了电信运营商等少数大企业，非洲数字产业由大量中小企业与创新创业公司组成。在大量国际资本深度参与和部分本土投资推动下，非洲数字创新创业企业迅速成长，已诞生一批独角兽企业，正在成为非洲数字经济"生力军"。2021 年，非洲数字创新创业共融资 49 亿美元，超过 2019 年和 2020 年融资额总和。其中，62% 投资用于金融科技领域，医疗、物流、教育、清洁技术、农业各获 8%、7%、5%、5%、4% 投资，其余共占 9%。Hjort 和 Poulsen 研究表明，伴随非洲互联网快速落地，个人就业的概率大幅提高，且互联地区的就业增长并不是因为非互联地区的就业岗位被取代。而且，人们受雇于技能型职业岗位的概率大幅增加，维持一个非技术工作的概率没有受到显著的负面冲击，这表明互联网的使用改善了就业结构。

数字经济在新冠疫情期间成为非洲防控疫情、推动复苏的"新引擎"。2020 年以来，非洲疫情防控举措显著拉动电商发展，Jumia 等平台在推动非接触购物、无现金支付、医疗物资分发、抗疫资讯传播方面发挥了积极作用。2021 年，非洲零售电商市场规模为 280 亿美元，占零售业的比重为 2.4%，电商消费者达 3.34 亿美元；2022 年，非洲零售电商市场规模高达约 333 亿美元。除了零售电商，非洲企业间（B2B）电商发展也颇为亮眼，农产品电商 Twiga Foods、中小企业供应链平台 Trade Depot 和 MaxAB 等展现出成长为独角兽企业的潜力。

4. 采纳最前沿的监管规则

在数字规则方面，非洲在数字服务税、数据跨境流动、数字货币、反垄断等方面先行先试，在一定程度上实现弯道超车。例如，肯尼亚、坦桑尼亚、尼日利亚、卢旺达等非洲国家已出台或计划出台数字服务税，主要面向亚马逊、脸书等互联网跨国公司，以扩大当地的税基，增加收入、缩小财政赤字和遏制过度借贷。截至 2021 年 3 月，在非洲国家中，有 31 个国家拥有了精细的数据保护框架，有两个国家制定了保护个人数据的部门法。2022 年 3 月，南非竞争委员会表示，已将 Facebook 和 WhatsApp 的所有者 Meta 平台以涉嫌滥用市场主导地位为由起诉至法庭。SANC 指责 Meta "滥用其在市场的主导地位，从事旨在阻止竞争对手或潜在竞争对手进入、参与和扩大市场的排斥性行为"。该委员会希望法庭对 Meta、WhatsApp 和 Facebook South Africa 处以相当于其在南非总营收 10% 的最高处罚。这一做法与欧美及中国最新的数字反垄断趋势高度契合。

5. 对"弯道超车"的争议

在应用上很容易，技术自主创新却很难，所以也有很多人否认非洲可以实现弯道超车，他们认为发展中国家工业化的窗口期已经关闭，很难像中国这样快速实现工业化，信息化的发展将更难。

一方面，可能并不存在弯道超车效应。弯道超车固然节省了发展时间，但考虑到当前全球所处的发展阶段，它也只能产生一般性的"发展"效应，而没有"超车"效应。也就是说，按部就班地经历发达国家走过的路，采用一些已经被淘汰的技术，在当下的非洲不会产生当时发达国家享受过的发展效应，而采用当下的最新技术才能产生发展效应，实则并无超车效应。例如，相较于发达国家从有线 ICT 技术向移动 ICT 技术的自然演进，非洲可以跳过有线 ICT 阶段直接安装使用移动 ICT 网络。而且，在全球基本普及移动 ICT 技术的现实情况下，也只有直接使用移动 ICT 技术才会产生显著的经济效益。Kim 等研究发现，移动网络对发展中国家的经济增长有显著的促进作用，而有线网络对发达国家和发展中国家的经济增长均无显著作用。

另一方面，非洲国家工业化的窗口正在"迅速关闭"，较难获得先进的数字技术。非洲国家数字技术自主研发能力相对有限，数字产业基本存在于应用层面，关键技术、设备、系统、平台基本依赖域外国家，使数字经济易受国际关系变化的影响。非洲数字经济只能停留在应用层面，产业链和价值链被域外国家或地区所掌控。

跨越式发展推崇者对于"技术"的定义往往聚焦于数字革命上。但是，依赖工业发展来构建基础设施和创新能力却难以超越。从国际经验来看，追赶国家在经济发展过程中不仅有可能进行创新，而且进行创新才能够实现赶超。例如，美国和德国在 19 世纪末 20 世纪初对英国的超越，就是因为两国在以科学为基础的技术为主的第二次工业革命中，率先通过技术和组织的创新而取得了更高的生产率。日本在第二次世界大战后的 30 年里迅速跻身于发达国家行列，也是因为其在引进外国技术的基础上进行了一系列创新，特别是在生产组织方式上的创新，使日本工业在生产率上接近甚至超过欧美。韩国也是在引进外国技术的基础上强化自主创新才实现了发展。然而，非洲国家可能难以迈过工业化门槛，更不用提数字化。麦肯锡全球研究院表示，几十年来，促进出口的劳动密集型制造业被视为低收入国家攀登经济阶梯的最佳战略，但现在发展中国家依靠廉价劳动力推动出口增长的窗口正在关闭。中国和越南等国家通过工业化实现快速追赶，但由于全球贸易格局的变化，这一模式对于其他还没有发展起来的贫穷国家而言，变得更加艰难。因此，坦桑尼亚和埃塞俄比亚等刚开始从事劳动密集型出口制造业的国家，可能需要在机会之窗完全关闭之前加大生产。

（四）非洲与欧美合作的困境以及中国在非洲的影响力分析

非洲已成为世界上最大的几个经济体争夺全球领导地位、战略贸易通道控制权以及自然资源的战略要地，其中，自然资源能够为新兴产业和传统产业在新冠疫情后加速转向更适应气候变化的增长模式提供动能。进入21世纪，美国和欧洲都加快了对非经贸战略调整，其中，美国通过了《非洲增长与机遇法案》（AGOA），欧盟通过了《科托努协定》（Cotonou Agreement）。2022年2月10日，欧盟委员会主席冯德莱恩表示，欧盟将向非洲投资1500亿欧元，这是欧盟2021年12月启动"全球门户"计划后首个区域性计划。欧盟希望通过这一计划投资非洲，以提高欧盟的国际影响力并在该地区和中国竞争。

就数字经济领域而言，欧洲和美国与非洲的合作也非常多。这其中可能存在一定的问题，比如，美国和欧洲加大了对外技术封锁，非洲可能很难获得先进的数字技术。中国则与之不同，中国与非洲合作的技术外溢更强，非洲的长期受益可能更大，中国在非洲影响力越来越大。

1. 欧美对非合作仍采取剥削方式

英法等欧洲国家曾长期将非洲国家作为殖民地，目前正借助这一历史联系重建对非影响力。虽然殖民主义的历史仍然困扰着欧洲人，但非洲和欧洲的商业、语言、本土知识和历史联系依然很重要，例如南非、尼日利亚、赞比亚等18个非洲国家仍然是英联邦成员国。欧盟正通过自由贸易协定和经济伙伴关系协定（EPA）与撒哈拉以南非洲的40个非洲国家谈判或缔结协定，以此加强其在非洲的商业地位。

大量研究表明，欧洲殖民统治留给非洲的制度遗产极为糟糕。凯文·希林顿在《非洲通史》一书中指出，持续了几个世纪的跨大西洋黑人奴隶贸易造成非洲中西部等地的大量精壮男子被掠走，造成了这些区域的人口性别失衡，而这必然也会切断或是阻碍过去就存在的非洲各区域以及非洲与其他大洲的经贸和文化联系。在封闭的环境下，殖民统治塑造了非洲的经济结构，即以经济作物为主，基本上不存在工业产业，殖民地需要大量进口粮食、金属制品和纺织物。由此可以解释非洲国家为什么在后来独立以后，仍然难以摆脱欧洲和美国的控制，也能够很好地解释为什么当中国致力于援助非洲国家增强工业化发展水平，提高本土制造业能力，会招致欧洲国家和美国的舆论围剿。《非洲通史》一书还指出，第二次世界大战期间，盟军在非洲强迫非洲民众种植更多花生、棉花，并调用强制性劳工来增加锡矿开发，强迫刚果盆地民众收集野生橡胶。美国、英国、法国还强令殖民地必须服从很低的原料出口价格，这意味着非洲的"棕榈油、橡胶、剑麻、花生、棉花、咖啡"等本可以卖出更高价格的商品/战略物资，被以低廉的价格强制收购。这种强迫定出低价的制度，第二次世界大战后被欧美国家保留了下来，成为他们向非洲民众"割韭菜"的制度法宝。书中历数了欧洲殖民统治带给非洲国家的负面遗产，其中之一是畸形的经济结构，主要是严重依赖经济作物生产与矿产开发，却不重视或是缺乏能力去发展基础性粮食作物和创新性工业。至今，非洲仍然是全世界工业化程度最低的地区，整个非洲只有南非被列为工业国。值得一提的是，《非洲通史》这本书盛赞中国的非洲政策——21世纪初，中国已经成为非洲大陆最大的单一贸易伙伴国和投资国，在非洲的贸易和投资总额已经超过欧洲前殖民国家和美国。

2022年2月，在第六届欧盟—非盟峰会上，非盟多次要求改变欧非间"援助—受援"关系以及欧盟"居高临下"的对非态度，塑造"平等伙伴关系"。但在非洲重大关切议题中，欧盟并没有做出实质性的让步。其一，在新冠疫苗生产方面，欧盟拒绝了非盟提出的共享新冠疫苗知识产权以助其进行疫苗自主研发的请求。欧盟这一决定遭到英国乐施会的批评，认为其对非医疗援助的"慈善模式"非常虚伪。其二，在国际货币基金组织特别提款权分配方面，目前欧盟仅承诺给予非洲国家130亿美元，这与非洲国家提出的1000亿美元需求相距甚远。其三，在能源和气候变化领域，尽管非洲大陆的碳排放量仅占全球的3%，但欧盟拒绝给予非洲碳边界调整机制的豁免权。欧洲理事会主席米歇尔将欧非峰会描述为构建"非洲和欧洲之间新范式、新路径和新联盟的一个机会"[1]，欧盟轮值主席国法国总统马克龙则表示，峰会的目标是"彻底改革"欧非关系[2]。有欧洲智库就指出，欧非峰会"往往在口头承诺方面给人留下深刻印象，在创造形容词来界定伙伴关系方面很有创意……但在产生切实成果方面却无能为力"[3]。

---

[1] "Intervention by President Charles Michel at the 'Climate and Energy in the Africa-Europe Partnership' Debate," January 20, 2022, https://www.consilium.europa.eu/en/press/press-releases/2022/01/20/intervention-by-president-charles-michel-at-the-climate-and-energy-in-the-africa-europe-partnership-debate/.

[2] "French President Emmanuel Macron Press Conference Speech," December 13, 2021, https://presidence-francaise.consilium.europa.eu/en/news/french-president-emmanuel-macron-press-conference-speech/.

[3] Lidet Tadesse, "The EU-AU Summit: Geopolitics, a Pandemic and a Partnership that Struggles to Thrive," February 7, 2022, https://ecdpm.org/talking-points/eu-au-summit-geopolitics-pandemic-partnership-struggles-thrive/.

2. 出现一系列合作新动向

近年来，欧美深化对非洲的数字合作，并呈现加速布局态势。例如，2022年3月，谷歌Equiano水下互联网电缆的第一条分支（连接葡萄牙里斯本和南非开普敦），登陆非洲国家多哥，将使多哥800万居民的互联网速度提高一倍。截至2022年年底，这条线路在尼日利亚、纳米比亚和南非登陆，并通过分支与附近国家连接。据评估，到2025年，该光缆有望将当地互联网价格降低14%。

美国正通过风险投资控制非洲数字经济未来。一方面，投资创新创业公司。2021年，非洲数字创新创业企业投资中，62.5%的投资来自美国。赴美上市或被美企业并购成为众多非洲创业公司的首选。另一方面，控股产业龙头企业。美英企业在非开展投资并购，是非洲头部运营商沃达康、数据中心Teraco、数字出行Careem等企业的控股股东，并通过股东关系增强业务和技术合作。

在运行方式上，美国企业采用在线化和本地化相结合的模式。美国企业基本可以纯在线方式运营数字平台，以很低的边际成本提供标准化服务。同时，为深耕非洲本地市场，美国企业还加强了本地化运营。微软、亚马逊、甲骨文等美企在非设立多个研发中心和办公室，拥有大量数据中心资产并建设团队、开展运营，以云服务的方式服务各国政企机构和跨国公司。美国运营商还在非洲开展本地化的电信业务运营和通信铁塔运营。

欧盟试图建立欧非数字合作机制。这体现在三方面：一是政府主动对接。欧盟和非盟数字经济工作专班于2018年12月启动，旨在推动欧非数字合作制度化发展，侧重于建设宽带网络、提高数字素养、加速电子服务等。二是推出缜密战略。《对非洲全面战略》和《数字化发展》强调从数字化转型、互联互通、青年数字技能发展等角度密切欧非数字合作。三是打造合作抓手。设立"非盟—欧盟数字化发展中心",建设非欧数字创新机制。

英国深度开展对非洲的电信运营商合作。英国运营商沃达丰是总部位于南非的泛非运营商沃达康的控股股东,沃达丰还持有肯尼亚最大运营商Safaricom 40%的股份,后者旗下的M-Pesa是非洲最知名的移动支付平台。

此外,欧美在非洲的项目涉及医疗教育扶贫较多,中国在非洲的项目涉及基础设施建设更多,两者的经济效益也有所不同。例如,法国经济合作参与和促进公司(Proparco)作为法国开发署(AFD)负责私营领域的下属机构,2021年共为非洲发展项目提供12亿欧元融资,重点用于撒哈拉南部非洲的卫生和电力领域。未来五年内,相关项目的实施有望改善56.6万人的医疗服务,使310万人获得可再生能源电力。

3. 欧美国家实施科技封锁,限制非洲数字经济发展

以美国为代表的世界经济强国不仅对数字经济加大研发支持,而且在关键技术领域和产品上进行卡、压、打,谋求价值链和产业链的霸权控制,主导全球数字经济生态的意图十分明确。新冠疫情大流行以来,全球经济普遍下滑,但受冲击最大的外资外贸反而复苏势头强劲。这表明,纠正外冲击的主要力量是经济全球化的自发的市场力量,而不是欧美采取的技术封锁等自我封闭措施。然而,目前全球地缘政治对产业安全性、稳定性要求提升,这导致产业链倾向于本土化,一些跨国公司将核心技术和关键设备转向本国。各国政府也更加重视自主创新,越来越多地建立自己的供应链,决定在哪里生产哪些商品和服务,这将导致价值链变得不那么全球化,技术跨境流动不再那么顺畅。近年来,欧美将数字技术提高到"数字主权"的高度,推出了一系列促进本土企业发展的举措。2022年3月,美国参议院通过《下一代电信法案》,旨在创建一个新的委员会，以负责监督美联邦对下一代通信技术（包括6G）的投资和政策制定。

俄乌冲突进一步促使西方国家向心力增强，美国和欧洲对于全球贸易的定位从推动自由贸易、降低贸易成本转向强调寻找更为安全可靠的贸易伙伴，从而加速全球贸易从全球化倒退到区域化阶段的趋势。这可能会导致非洲更多转向以中国为代表的第三世界。中非外交上的传统友谊和经贸上良好的合作基础，凸显非洲在新时期对中国和平发展的战略全局意义。以非洲为支点推进"一带一路"建设，形成发展中国家之间良性的经济循环，是中国在新时期的必然选择。

总体上，非洲国家在参与全球数字价值链过程中，虽然新技术驱动新产业发展和出口的效益日益明显，但是全球价值链并没有促成与出口相关的技术和组织效应在整个经济领域的扩展。就全球劳动分工来说，数字技术并没有改变旧有的全球劳动分工状态，它反而是一个固化了此前的劳动分工的过程。

当然也有例外。欧美对非洲的限制程度可能低于对华限制，对那些不涉及核心技术的领域仍持较为开放的态度。2022年6月，非洲最大的跨境数字支付平台MFS Africa，正式宣布收购美国金融科技公司Global Technology Partners（GTP）。GTP总部位于美国俄克拉荷马州，其将Visa、Mastercard等预付卡网络与非洲的银行进行链接，是非洲最大的预付卡运营商，为超过80家非洲银行提供预付卡发行和运营服务，业务覆盖非洲34个国家。通过本次收购，MFS Africa将为非洲本地的零工及兼职群体、商旅人士，以及数百万希望能通过移动钱包中的银行卡来实现全球网购的消费者，提供无须依赖银行账户、安全、便捷的移动钱包支付和转账服务。此次收购是第一次由一家非洲科技公司收购如此大规模的美国科技公司。

4. 中国在非洲的影响力不断增强

美国和欧洲的对非战略并未取得预期效果，欧美都在重新评价和调整对非的经贸战略，但调整尚未完成，中国正面临一个重要的战略窗口期。

根据"非洲晴雨表"2021年调查数据，中国是在非洲正面影响力最大的国家（见图3-2）。2022年1月底，法国大使被马里驱逐出境，显示了以法国为代表的欧洲前宗主国在非洲影响力急速下滑。2022年，南非伊奇科维茨家庭基金会（Ichikowitz Family Foundation）开展的一项调查（African Youth Survey 2022）发现，在非洲15个国家18—24岁的4507名年轻人中，76%的受访者认为中国是对他们的生活最具积极影响力的国家，而认可美国的比例为72%。2020年，该基金会首次对同年龄段的非洲年轻人进行调查时，83%的受访者认为美国的影响是积极的，而认可中国的比例为79%。对比过去20年中美欧与非洲贸易的情况，可以发现，中非贸易额增加了14倍，正迅速接近非洲最大的贸易合作伙伴欧洲，并已远超美国，而美非的贸易额却只增加了一倍。

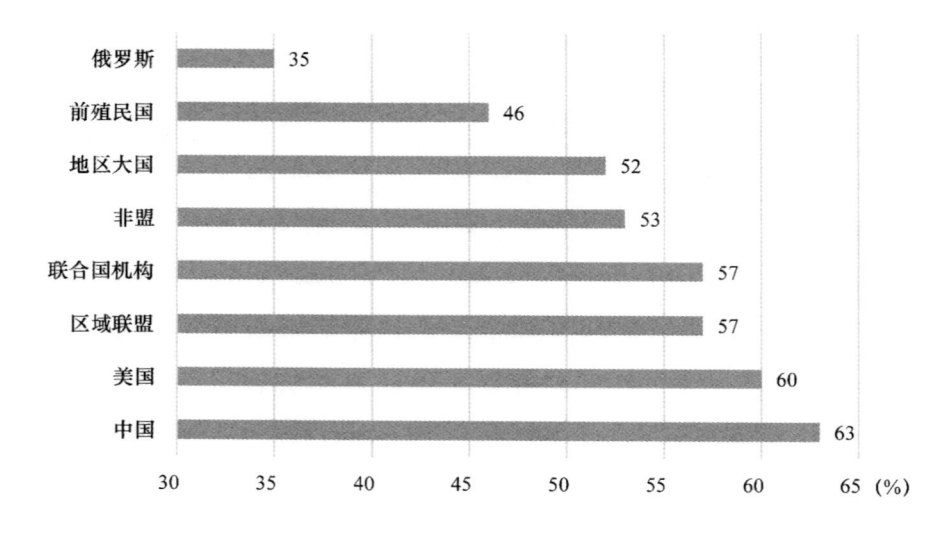

国家/组织	百分比(%)
俄罗斯	35
前殖民国	46
地区大国	52
非盟	53
联合国机构	57
区域联盟	57
美国	60
中国	63

图3-2　2019—2021年全球主要大国及国际和区域组织在非洲的正面影响力
资料来源："非洲晴雨表"（Afrobarometer）2021年调查数据。

据威廉与玛丽学院（College of William & Mary）AidData 研究中心估算，2000—2014 年，中国提供的国际援助共计约 3544 亿美元（美国同期援助金额为 3946 亿美元）。随着"一带一路"倡议和"中非十大合作计划"的深度展开，中国已成为独立于经济合作与发展组织发展援助委员会之外提供对外援助最多的国家。中国援建的基础设施建设改善了当地的交通和物流，为当地农产品和自然资源出口提供了便利，也充分发挥了产业集聚效应，使得大量劳动力能够进入新兴的产业园就业。

中国电信运营商、通信设备制造商、手机厂商、部分互联网企业和创业公司积极参与对非合作，形成以货物（数字设备）贸易为主、投资和运营为辅的合作模式。中国移动国际有限公司参投的"2Africa"国际海缆，华为海洋网络有限公司投资建设的"PEACE"国际海缆，由中兴和华为等中企参与建设的信息基础设施，以传音和小米等为代表的中国品牌手机，以TikTok、Boomplay 等为代表的移动互联网应用，以 Kilimall、Kikuu、Amanbo 和 Tospino 为代表的跨境电商，正在成为中非合作的"数字名片"，展现中非数字生产力供需对接的巨大潜力。

一些非洲国家，为实现数字独立，纷纷转向中国，希望依靠中国改善其互联网建设。如今欧洲越来越频繁地"缺席"非洲大型基础设施建设，而中国正在非洲未来的关键领域牢牢扎根。例如，中方参与建设的塞内加尔国家数据中心于 2021 年 6 月正式启用，塞内加尔总统出席剪彩仪式并对中方表示谢意，他说："中国从未忽略我们的请求，塞内加尔向中国提交的所有项目均得到了扶持和资助。" 2022 年 3 月，海信与埃塞俄比亚首都亚的斯亚贝巴市政府正式签约智能公交建设项目。该项目是海信智能交通在海外承建的首单智能交通集成项目，意味着中国智能交通技术标准开始系统性走向海外市场。该项目建设周期 21 个月，建成后，市民可通过 App、电子乘客信息屏等获得公交实时信息；而公交企业则实现对公交车辆的实时监测、远程控、智慧调度以及客流与运力匹配分析等功能。2022年5月，埃塞俄比亚电信公司（Ethio Telecom）宣布，启动5G网络商用服务前测试，计划在首都亚的斯亚贝巴6个区域启动5G网络服务，并逐步扩大覆盖范围，而埃塞俄比亚电信公司此次5G服务的设备供应商是中国华为公司。

而且，在数字经济领域之外，中国在经济建设、扶贫等方面的经验也越来越受到非洲人民的追捧。Aiginger和Rodrik认为，非洲和拉美等发展中国家的经济增速下滑导致华盛顿共识的吸引力减弱，这些国家更倾向于模仿中国通过政府干预的方式稳增长和调结构。

总之，非洲在数字经济领域明显落后，在全球的地位主要是提供一个较具潜力的市场而已，亟须提升技术水平和国际话语权。中国在"一带一路"建设中采用先进的数字技术，助力非洲弯道超车。其中，重要内容就是将中国的5G等优势技术输出到非洲，当地获得中国数字技术和设备，可以促进自身要素禀赋结构的提升，进而推动以产业链发展为基础的投资、价值延伸，最终实现多层次、高附加值的合作。因此，中非数字经济合作，是真心实意地致力于提升有关国家的自主性和可持续发展能力。

四　中非数字经济合作

自2000年中非合作论坛成立以来，中非关系在全方位、多层次上取得了长足发展。发展数字经济对于助力非洲减贫和一体化、实现经济发展转型，更好地参与全球化都有着重要意义，成为当代信息社会构建中非命运共同体、利益共同体的新路径。后新冠疫情时期，数字经济日益成为经济复苏和经济增长的新引擎。随着非洲数字经济发展潜力的进一步释放，中非数字经济合作也将迎来新的机遇和挑战。

（一）中非数字经济合作现状

近年来，中非互利合作从基础设施、制造业等传统领域逐渐扩展到数字经济等新领域。在"一带一路"倡议、中非合作论坛、数字丝绸之路（DSR）倡议的支持下，双边数字经济战略积极对接，各级政府积极搭建平台，中非数字经济合作欣欣向荣，为"数字非洲"建设提供中国发展经验与支持。

1. 中非数字经济合作总体情况

中非数字经济合作的快速发展得益于良好的政治基础、经济基础和社会基础。中国企业为非洲数字运营商提供设备和技术服务，有效提升了非洲的区域信息化水平，助力非洲经济数字化转型项目的落地实施。中非数字经济的地方政府合作带动了非洲产业数字化发展。在全球数字经济引领下，中非数字经济合作取得有目共睹的阶段性成果。随着全球数字经济的快速发展，中非数字经济领域的合作不断加深，中国参与了多个连接非洲、欧亚大陆和美洲的海底电缆建设项目。中非在电子商务方面的合作也逐渐增多，"数字丝绸之路"的倡议为跨境电商创造了良好的基础，提供了新发展契机。

（1）中非在数字基础设施建设方面的合作

非洲国家已深刻认识到数字经济在提升生产力、推进产业变革、促进经济增长和提升全民社会福利中具有举足轻重的作用。2015年6月，南非约翰内斯堡举行非洲联盟峰会，正式提出《2063年议程》，全力建设健全信息与通信技术网络和数字基础设施。[①] 在《2063年议程》的相关项目中，有114个涉及信息和通信技术的基础设施项目，显示了非洲国家对数字基础设施的重视程度。该议程明确了数字基础设施为现阶段非洲国家数字经济整体发展的重点。

2020年，非盟正式提出《非洲数字化转型战略（2020—2030）》，提出关于非洲国家数字经济发展的整体规划。2020年3月，尼日利亚政府发布了国家宽带计划（2020—2025），将大数据资源确定为数字经济发展的关键领域。[②] 2021年12月，非盟鼓励非洲青年把握数字经济革命新机遇，建设非洲美好未来。非洲国家数字化转型的主要政策领域如表4-1所示：

[①] African Union Commission, "Agenda 2063: The Africa We Want," September 2015, https:// au. int/sites/default/files/documents/36204-doc-agenda2063_ popular_ version_ en. pdf.

[②] 陈明智:《尼日利亚将开发大数据以发展数字经济》，2020年11月6日，新浪财经网，https://baijiahao. baidu. com/s? id = 1682645284398221826&wfr = spider&for = pc.

表 4-1　　　　　　　　非洲数字化转型的主要政策领域

	数字化转型的主要政策领域
中非	在区域范围内协调数字基础设施投资，以扩大覆盖面并确保包容性和可靠的接入
	为劳动力配备足够的技能，以促进从学校到工作的过渡，并减少技能不匹配
	利用数字技术促进创业，促进区域价值链的数字化转型
	在区域和国家层面实施、监测和评估数字战略
东非	促进从学校到工作的过渡，特别是通过数字扫盲以及技术和职业教育与培训（TVET）方案，并监测技术发展以预测未来的技能需求
	通过适应监管环境，培养数字创新创业；通过扩大融资渠道，促进技术园区发展
	加强区域数字化合作，为区域基础设施提供公共和私人资源
	通过有效连接、协调监管，促进跨境支付的操作性，以建立数字市场
北非	尝试新的监管以支持金融技术的发展
	通过监测和评估科学、技术、工程和数学方面的数字扫盲和方案，实现教育和培训系统的现代化，并促进劳动力的终身学习和再培训
	改善区域治理，鼓励数字创新创业
南非	在城市中心以外发展数字基础设施，缩小数字鸿沟
	提高教育质量，满足技能需求
	以数字转型为目标，协调国家和区域两级现有的数字倡议，并加快实施
西非	加强政府对科技园区和初创企业孵化器的支持，并监督进展情况
	实施支持性监管框架，发展金融技术，促进发展资金来源多样化
	支持中小企业使用数字技术，特别是农业领域，加强其融入区域和全球价值链
	投资人力资本，使技能符合市场需求，积极推广技术和职业教育与培训（TVET）

资料来源：AUC/OECD, "Africa's Development Dynamics 2021: Digital Transformation for Quality Jobs," 2021, https://doi.org/10.1787/0a5c9314-en.

从非洲数字经济发展的时间进程图可以看出非洲国家数字基础设施建设的布局和发展历程，发现政府出台的各项数字经济发展规划为中非数字经济基础设施合作提供了保障和支持，畅通了中非数字基础设施合作渠道（见图 4-1）。

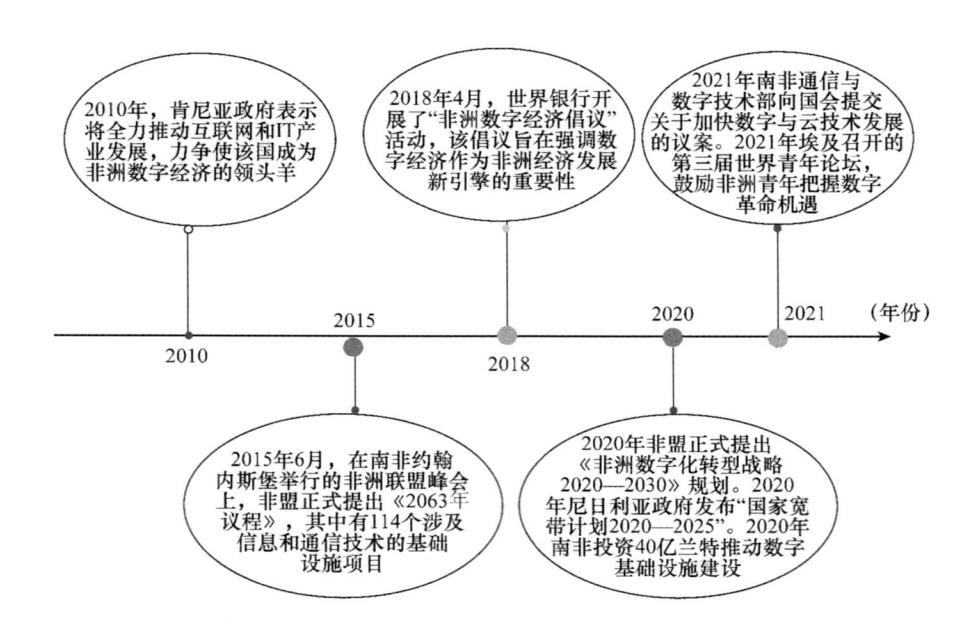

图 4-1 非洲数字经济发展的时间进程图

时间节点：

- 2010年，肯尼亚政府表示将全力推动互联网和IT产业发展，力争使该国成为非洲数字经济的领头羊
- 2015年6月，在南非约翰内斯堡举行的非洲联盟峰会上，非盟正式提出《2063年议程》，其中有114个涉及信息和通信技术的基础设施项目
- 2018年4月，世界银行开展了"非洲数字经济倡议"活动，该倡议旨在强调数字经济作为非洲经济发展新引擎的重要性
- 2020年非盟正式提出《非洲数字化转型战略2020—2030》规划。2020年尼日利亚政府发布"国家宽带计划2020—2025"。2020年南非投资40亿兰特推动数字基础设施建设
- 2021年南非通信与数字技术部向国会提交关于加快数字与云技术发展的议案。2021年埃及召开的第三届世界青年论坛，鼓励非洲青年把握数字革命机遇

中国与非洲国家在基础设施方面的合作由来已久。根据2016年中方启动的"数字丝绸之路"倡议，中国建设了全长12000千米的"和平"海底电缆，该电缆从巴基斯坦到吉布提、肯尼亚，沿着东非海岸一直延伸到南非，连接了中国与欧亚大陆和东非，提供了全球速度最快且传输成本低的有线网络，促进了非洲数字基础设施的迅速发展。中国运营商积极与非洲主流运营商合作，建设了非洲一半以上无线站点及高速移动宽带网络，累计铺设超过200000千米光纤，覆盖超过9亿多非洲民众。截至2020年，中国电信已与阿尔及利亚、吉布提、南非、埃塞俄比亚、加纳、肯尼亚、赞比亚等10个非洲国家合作建立了光纤骨干网项目，如南非多个社区的光纤入户建设项目、阿尔及利亚综合体育场智慧场馆项目、埃塞俄比亚智慧工业园区项目、赞比亚智慧校园项目等。除此之外，中国在近30个非洲国家拥有技术、工程及服务团队。

(2) 中非在数字技术方面的合作

中非在数字技术方面加强合作，以政企协同推进数字技术的发展和应用，但国际竞争与压力日益加剧。数字技术是数字经济发展的核心。非洲数字技术发展相对比较薄弱，中非双边数字技术合作主要以大型企业为主，中国通信设备代表企业是华为和中兴。华为于1998年由肯尼亚进入非洲市场，中兴通讯于1997年进入非洲市场。中国企业已成为非洲最具影响力的电信制造商。中非合作领域主要集中在信息通信技术建设方面，截至2020年，中国已成为非洲信息通信技术最大的投资国。但由于西方社会的阻挠，中非数字技术合作未来仍面临重重挑战。

(3) 中非在非洲产业数字化领域的合作

中非在非洲产业数字化领域的合作主要表现在数字技术在传统产业中的渗透和应用。第一，数字服务方面，双方在数字支付、电子商务等领域的合作迅速崛起。疫情的常态化使线上推介会、数字合作平台、直播带货等新业态合作蓬勃发展，有效服务了中非企业，带动非洲特色产品对华出口。第二，中非在数字技术应用领域的合作日益加强加深，如医疗保健、教育、商业和政府服务等。

(4) 中非在数字技术人才培养方面的合作

数字技术人才仍是数字经济发展的关键因素，近年来，中非人才培养方面的合作也在不断深化。首先，中国企业根据非洲合作国家的基础条件，因地制宜地推行本土化合作战略。在为非洲国家提供适合当地的技术和设备的同时，培训当地员工。例如，2018年，华为在肯尼亚、埃及设立"华为ICT学院""未来种子"等项目，通过技能大赛提供通信技术和人才培养，为当地储备数字经济的动能。其次，中非通过高校和企业多方协作，推动多种中非数字人才合作项目。2021年8月，中国农业大学在卢旺达牵头开展"智慧渔业"产学研合作示范计划，启动双方数字渔业示范项目，推动两国数字农业领域友好合作。

2. 中非数字经济合作的基础

中非在数字经济领域的合作具有广阔空间和坚实基础。中非数字经济合作,不仅有良好的双边关系和长期稳定的政治基础,更有中国在数字经济方面的独特优势,中国数字经济发展的先进技术和先导优势与非洲的数字化发展和广阔市场遥相呼应,形成了良好的互补效应。

第一,政治基础。目前,中非互为战略合作伙伴。从理念看,2013年3月习近平主席访非时,即提出"真实亲诚"对非政策理念,就新时期中国对非政策作出重要立场宣示。[①] 2015年中非合作论坛约翰内斯堡峰会上,习近平主席进一步指出:"中非关系最大的'义',就是用中国发展助力非洲的发展,最终实现互利共赢、共同发展。"[②] 在实践中,中非合作被视为南南合作的典范,双方都是受益者。政治上,中国始终追求双方的平等关系。习近平主席表示:"非洲是非洲人的非洲,非洲的事情应该由非洲人说了算。"[③] 这表明任何国家发展同非洲关系,都应该尊重非洲的尊严和自主性。

中国倡导的"人类命运共同体"理念是中非友好的基石。2020年12月,中方同非盟签署共同推进"一带一路"建设合作规划,进一步推动"一带一路"倡议合作与非盟《2063年议程》对接。

第二,经济基础。经济上,中非合作在"一带一路"框架下不断把握新机遇,提升中国对非洲经济发展的贡献率。中非合作不仅包括"授人以鱼"、不附加政治条件的对非援助,更在

---

① 《习近平谈治国理政》第1卷,外文出版社2018年版,第306—309页。

② 《习近平谈治国理政》第2卷,外文出版社2017年版,第456—457页。

③ 《习近平谈治国理政》第2卷,外文出版社2017年版,第456页。

于"授人以渔"、开展优势互补的合作项目。近年来，中国逐渐成为非洲第一大贸易伙伴国，非洲也成为中国第三大海外投资市场和第二大海外工程承包市场。

中国是非洲交通和电力基础设施网络的主要建设者，在数字创新合作等中非双方发展需求、加强互联互通的过程中，将获得更多的投资合作机会和市场空间。在中非经贸合作的下一阶段，打破中非传统合作模式，创新投融资模式，守正创新，寻求新的合作机会，将为中非双方经济的复苏带来更多利好。在 2021 年 8 月 24 日举行的"中非互联网发展与合作论坛"上，中国外交部部长助理邓励代表中方宣布了"中非数字创新伙伴计划"有关设想。该计划涵盖数字基建、数字经济、数字教育、数字包容性、数字安全、搭建数字合作平台 6 个方面，直指非洲最迫切的需求。

第三，社会基础。中非数字经济合作具有良好的社会基础。中国和非洲有着相似的历史经历，民间交往的历史源远流长，从 19 世纪晚期一直持续至今。从早期的中国劳工移民到 20 世纪五六十年代中国支持非洲民族解放运动，再到近年来形式多样的中非间发展合作、医疗卫生合作、文化交流、教育培训、环境保护等，显示民间交往逐步加深。民间交往主要有三种形式：中非合作论坛框架下的民间交流、中非之间个体的社会文化交往和民间组织的相关活动。从总体看，中非双方民间交往的本质既不是宣传式的公共外交，也不是亨廷顿笔下所谓的"软实力"，而是文化馈赠、文化互鉴和文化融合。民间交往的目的是双向的：理解对方的文化，从而为建立良好关系，增进理解，为更好地加深合作互信奠定基础。

民间成立的商会也在中非数字经济合作领域发挥着难以估量的作用。中非民间商会，其宗旨是引导和服务中国企业"走入非洲""融入非洲""建设非洲"，为相关企业提供非洲政治经济动态和形势、行业信息等贸易投资信息服务、投融资服务、联络服务等，举办了诸如中非民营经济合作论坛等一系列交流活动。其中，中非商业联合会、中非国际商会等组织成为中非经济合作之间的重要桥梁和平台，强化了中非政府、民间、企业之间的沟通了解，促进了双方包含数字经济在内的领域及合作。

3. 中非数字经济的地方政府合作

中非数字经济的地方政府合作日益增强，加深了中非交流和合作，深化了中非友谊。2012 年，由中国人民对外友好协会发起成立的中非地方政府合作论坛，为中非地方交流合作建立起沟通的桥梁。在双方共同努力下，中非地方政府在各领域开展了富有成效的合作，取得了惠及两国人民的成果，增进了中非人民的友谊，为实现共同维护世界和平的目标而努力。

福建省自 2019 年以来积极开展"中非合作八大行动"，为福建企业搭建了获悉政策、了解非洲、对接商机、促进合作的经贸服务平台。2021 年，面对复杂严峻的国内外形势和新冠疫情带来的冲击，福建对非经贸合作持续增长呈现出良好的发展态势。2021 年，福建对非贸易总额为 767.2 亿元人民币，同比增长 27.4%，其中出口规模创历史新高。跨境电商日益成为福建与非洲地区经贸合作的重要渠道。福建依托电商平台，带动埃塞俄比亚的咖啡、肯尼亚的红茶和皂石、南非的红酒等众多非洲热销特色产品在国内市场快速发展。另外，直播电商也成为了福建与非洲地区经贸的新场景。在跨境电商带动下，2021 年主要出口国家为尼日利亚、南非、阿尔及利亚、利比亚等地，出口非洲企业共 222 家，金额逾 20 亿元人民币。[1]

湖南省是中非经贸深度合作先行区，是中国地方对非经贸

---

[1] 《非洲成福建对外经贸合作新增长极》，新浪财经网，2022 年 10 月 30 日，https://finance.sina.com.cn/jjxw/2022-11-30/doc-imqqsmrp8065684.shtml? cref = cj.

合作最为活跃的省份之一。湖南在装备制造、能源矿业、路桥房建、农业开发等优势产业抱团走进非洲，杂交水稻、工程机械等技术和产品享誉非洲大陆，对非援外培训人员超万人。湖南对非进出口值从2012年的150.8亿元人民币，增长至2021年的403.9亿元人民币，总量居全国第八、中部第一。① 2022年4月，湖南设立了"中非经贸数字智谷"项目，建立国家级新型数字经济产业，在"产业数字化、数字产业化"中发挥湖南中非经贸优势，在外向型经济发展上打造经济新高地。

（二）"一带一路"中的数字经济合作

"一带一路"倡议背景下中非数字经济合作如何助力非洲数字经济高效发展，并推动"智慧非洲"建设进程，仍需要进一步探索。中国和非洲近年来积极开展数字经济合作，随着高质量共建"一带一路"的推进，中国在数字基础设施与数字技术合作方面为"数字非洲"建设提供中国发展经验与支持。

1. 中非经济合作与"数字丝绸之路"

"数字丝绸之路"是在中国数字经济蓬勃发展与"一带一路"高质量转型的背景下提出的，2017年，习近平主席于首届"一带一路"国际合作高峰论坛上正式提出了"数字丝绸之路"的概念，② "数字丝绸之路"强调借助数字信息技术助力"一带一路"互联互通，通过在数字经济、人工智能、纳米技术、量子计算机等前沿领域的合作，推动大数据、云计算、智慧城市

---

① 《湖南非洲招商团收获一批拟合作清单 农业矿业开发受关注》，中国新闻网，2022年12月28日，https://www.chinanews.com/cj/2022/12-28/9923279.shtml。

② 习近平：《携手推进"一带一路"建设——在"一带一路"国际合作高峰论坛开幕式上的演讲》，人民出版社2017年版，第10页。

建设。"数字丝绸之路"顺应了数字经济发展的新趋势,是"一带一路"建设的重要突破口和关键领域。

自"一带一路"倡议提出近10年来,已有52个非洲国家及非盟委员会同中国签署"一带一路"合作文件,非洲已然成为"一带一路"建设最重要的方向之一。随着移动通信能力的发展和互联网渗透率的不断提升,非洲各国在数字经济领域表现出巨大的发展潜力和强烈的发展愿望,巨大的人口红利、加速推进的数字化进程、政府层面丰厚的政策支持也为其数字经济发展营造了良好的环境。但从全球范围内来看,非洲国家仍普遍面临数字基础设施薄弱的问题,"数字鸿沟"问题依然存在,而"数字丝绸之路"为加快非洲国家数字基础设施建设、弥合"数字鸿沟"、发展数字经济提供了前所未有的良好机遇。

(1) 中国联通与非洲通信基础设施建设

在"一带一路"建设中,通信基础设施无疑扮演着至关重要的角色。中国联通立足自身丰富的国际海陆缆资源,致力于全面推进数字信息基础设施建设,为"数字丝绸之路"建设创造信息联通条件。

2018年11月15日正式投入使用的SAIL海缆是中国联通助力"数字丝绸之路"建设的典范。SAIL海缆由中国联通和喀麦隆电信合作投资建设,是第一条横跨南大西洋海域、连接非洲大陆和南美洲大陆的洲际直达海缆,全长约6000千米,设计容量达32Tbit/s。SAIL海缆构建了非洲—北美、非洲—南美、南美—欧洲的高安全性、高可靠性全新互联网通道,具有低时延、大容量的显著优势,有效提升了非洲的互联网国际出口能力。除SAIL海缆以外,中国联通还与非洲国家共同建设了亚非欧1号(AAE-1)海缆,并在非洲布局了17个国际网络节点,其首家分支机构南非运营公司已于2018年7月正式运营。此外,中国联通还通过在非洲国家招聘当地人士、布局"一带一路"人力资源等方式构建国际化人才队伍,促进了非洲地区数字经济人才培养。总体而言，中国联通长期致力于非洲地区的业务发展，为促进中非基础设施互联互通、促进非洲数字化转型及互联网应用整体水平的提升发挥了重要作用。

(2) 中非电子商务合作

电子商务是当前世界经济发展的新业态，是数字经济的典型代表。得益于互联网技术的快速发展，中国电子商务在数字化快递业务、平台建设、网络零售市场、移动支付等方面均位于世界前列。非洲作为世界上最具发展潜力的地区之一，消费市场空间大，近年来信息技术和基础设施水平的提升也为其电子商务发展打下了一定的基础。作为非洲最大的贸易伙伴，中非之间在电子商务领域的往来也迅速兴起，架起了中非经济合作的新桥梁。中非电子商务合作主要包括以下方面：一是互联网服务平台的建设。早在2014年，中国企业创办的电子商务平台Kilimall就在肯尼亚应运而生，至今已发展成为非洲消费者最信赖的购物网站。Kimimall不仅在非洲建立了跨境供应链和支付体系，还在非洲本土建立了营销、仓储物流、客服等全套运营团队和体系。2018年，世界电子贸易平台（eWTP）进入非洲，率先与卢旺达政府建立合作关系。在eWTP的助力之下，卢旺达咖啡、辣椒等通过天猫、盒马等平台销往中国，显著提升了卢旺达商品的销量和价格。2019年，eWTP落地埃塞俄比亚，除了为埃塞俄比亚搭建商品出口平台，阿里巴巴还与埃塞俄比亚携手打造了数字贸易枢纽（eHub），让埃塞俄比亚发展成为非洲商品出口全球的门户。二是搭建电商物流供应链，打通跨境贸易的"最后一公里"。2017年，中国企业在非洲建立了"Buffalo"项目，在南非与中国国内分别建立约翰内斯堡仓、华南仓和华东仓。该项目在南非获得了大客户服务授权待遇，有效保障了清关配送服务。当前，通过"Buffalo"从国内运送约翰内斯堡客户手中只需3天，且1公斤收费不到38元人民币，运输时效性高、价格低廉。三是举办互联网创业培训，为非洲各国分享数字经济发展的"中国经验"。阿里巴巴与联合国贸发会议共同发起的"互联网创业者计划"资助了数以百计的非洲企业家赴中国学习,此外,阿里巴巴还在非洲设立了非洲青年创业基金,每年提供100万美元支持非洲青年创业。

2. 中非数字合作面临的挑战与问题

由于部分非洲地区政治不稳定因素较多,法制环境不健全,地缘政治冲突频繁,加之工人技术水平低下,劳动生产率不高,中国企业与非洲部分国家的数字经济合作面临较高的系统性风险。因此,应根据非洲各国具体情况,合理评估非洲国家的环境状况,因地制宜开展合作。

(1) 非洲政治经济环境不稳定

一是政治环境不稳定。非洲大部分国家治理能力水平较低,国内部落和派别众多,导致非洲国家政治环境不稳定。此外,长期贫困、传染性疾病、恐怖主义等问题更加剧了非洲国家政治不稳定状况。政治风险上升会导致暴力情况发生,严重影响和威胁中国企业在当地的投资和经营,对企业员工安全造成严重影响。二是经济环境不稳定。整体来看,非洲国家经济发展水平较低,多数国家经济以生产初级产品为主,容易受到市场价格波动影响,经济抗压能力脆弱。

(2) 中非语言、制度、文化差异较大

非洲国家在法律体系、语言文化、宗教信仰等方面与中国存在较大差异,而且不同非洲国家在上述方面也存在较大差异。在语言层面,由于非洲种族繁多且历史传统与殖民统治背景复杂,非洲大陆具有十分庞大的语言体系,独立使用的语言约2000种,包含尼罗—撒哈拉、尼日尔—刚果、科依桑等多个语系,是世界上语种最为丰富的地区。多样的语言虽是非洲宝贵的文化资源,但是增加了中非合作的沟通成本,制约了中非数字经济合作的进程。在制度层面,多数国家受殖民国家影响沿用了资本主义制度，但由于经济基础与民主政治传统较为薄弱，非洲各国民主化程度相对较低。新冠疫情对非洲经济的冲击也在一定程度上加剧了非洲部分国家的社会风险。此外，中非双方在贸易协定方面仍存在法律保障程度较低的问题，这在一定程度上阻碍了中非合作的顺利开展。在文化层面，长期的殖民统治历史使得非洲国家难以避免地渗透着西方人的思维模式，其直言不讳的行为模式与中国委婉含蓄的处世方式差异较大，传统宗教、伊斯兰教和基督教等宗教文化的影响也使得非洲与中国在文化认同感方面存在较多差异，为双方的互信合作构成了一定的挑战。

（3）西方国家干预中非合作

中国与非洲国家合作日益密切，双方在基础设施、农业、矿产等方面的合作取得了丰硕成果，并且在数字经济、绿色发展等方面取得新进展。但是西方国家对中非合作持有负面态度，根本原因是中国在非洲的投资触及了欧美政府和企业在非洲的传统影响力，冲击了欧美在非洲的利益格局。例如，美国曾经数次阻挠中国华为公司与南非开展 5G 合作，试图阻碍华为公司在非洲的业务发展。

（三）非洲自贸区建设与中非数字经济合作

2021 年 1 月 1 日，非洲大陆自由贸易区（以下简称"非洲自贸区"）成立，标志着非洲自贸区正式启动。非洲大陆自由贸易区的法律基础是《非洲大陆自由贸易协定》，[①] 该协定内容涵

---

① 虽然非盟宣布正式启动 AfCFTA，但第二、第三阶段的谈判依然在进行中。非盟边启动边谈判 AfCFTA 有两方面原因，一方面，考虑到自身经济一体化起点低，因此通过已达成的协议，推动取得早期收获，促推达成更多合作内容；另一方面，加强内部贸易也是非洲缓解新冠疫情对经济冲击的重要抓手。

盖货物贸易、服务贸易、知识产权、投资和竞争政策以及争端解决。虽然其目前只是一个框架协议，但建设非洲大陆自由贸易区将是未来主导非洲国家发展转型和非洲大陆经济一体化的核心议程。把握非洲大陆自由贸易区的特点、明确其面临的机遇和制约，积极参与非洲大陆自由贸易区基础设施建设和相关规则制定，能给中非数字经济合作带来新机遇，有助于中非相向而行，拓展和深化已有合作，构建更加牢固的中非命运共同体。非洲自贸区的建设为中非数字经济合作拓展了更加广阔的空间。

1. 中非数字经济合作新模式

依托非洲大陆自贸区，结合中国数字经济领域的优势，助力非洲数字经济发展，中国从合作建设数字产业园区以及促进跨境电商两个方面探索中非数字经济合作新模式。

（1）建设数字产业园区

在非洲自贸区的框架下，中非数字经济合作可寻求打造数字产业园区。数字经济发展对于支持非洲大陆自贸区的建设至关重要。一是数字经济有助于推动非洲自贸区的贸易便利化；二是数字经济有助于"非洲制造"实现长期健康可持续发展，实现从生产端到需求端全产业链的连接赋能，提高产业链的生产效率。中国与非洲在建设数字产业园区方面达成了强烈的合作意愿，并且有稳定的政治、经济和社会基础。未来，中非可以深化在电子支付、电子商务、ICT、制造业等领域的产业合作，鼓励中国有发展优势的地方政府和各领域的优质企业共同开发非洲数字市场。同时，可以在产业园区内建立人才培训机制。相较于传统经济，数字经济对技术的要求较高，对人员技能的要求也较高。通过建立数字产业园区，可以促使引进的中非数字企业对非洲普通员工进行数字技能的培训。

在数字产业园区内试建中非数字货币结算中心。非洲国家货币受西方国家影响,对财政货币空间产生巨大的限制。大宗商品价格波动,也会引起非洲大陆的外汇、财政收入随之波动,使非洲经济稳定性受到严重挑战。非洲自贸区的建设需要有稳定的经济基础和金融服务作保障。尼日利亚于2021年10月推出了央行数字货币"e奈拉",成为非洲首个正式启用数字货币的国家。[①] 中国作为世界首个发行央行数字货币的国家,在人民币国际化的背景下,未来可在中非数字产业园区试建中非数字货币结算中心。非洲国家由于外汇储备不足,部分中国企业在非洲经营利润无法正常结算,且易货贸易不具备持久性,加之数字货币具备可追溯性等特点,有助于政府对经济活动征税,提升本国治理水平。因此,建立数字货币结算中心具有十分重要的意义。在非洲自贸区的推动下,中非数字经济合作探索打造全产业链条的数字产业园集群,将会为促进非洲大陆自贸区发展提供强有力的助力。

(2) 跨境电商发展合作

扶持地方政府与非洲国家在电商产业开展双边合作,优化跨境电商平台。电子商务是数字经济发展的重要板块,跨境电商是连接两国家电子商务的重要桥梁。中非电子商务合作未来发展具有广阔的前景。目前,中国在非洲有少量跨境电商企业,总体规模还较小。互联网覆盖率和移动支付在非洲还不够普及。中国和非洲未来应进一步发展跨境电子商务,非方应出台相关政策鼓励中国跨境电商优秀企业入非合作,为非洲提供技术支持。中国跨境电商企业在进入非洲市场时,要走本土化发展路线。对于规模较小的企业,鼓励其与当地较有影响力的企业合作或进行股份互换,从而达到利益共享、经营风险共担的模式。对于具有一定规模的企业,鼓励双方合作创办跨境电商企业,

---

① 《尼日利亚推出非洲首个数字货币》,新华网,2021年10月26日,http://www.news.cn/world/2021-10/26/c_1127995032.htm.

吸引当地较有影响力的人员加入企业管理层，建立非洲地区海外仓，加快完善物流运输和仓储服务，挖掘非洲电商消费市场。在平台方面，促进世界电子贸易平台在非洲的建设，以卢旺达与埃塞俄比亚为基点，辐射周边国家，通过跨境电商所带来的贸易实惠，持续开发非洲市场。

2. 中非数字经济合作的重点领域

"一带一路"倡议背景下中非数字经济合作如何助力非洲数字经济高效发展，并推动"智慧非洲"建设进程，仍需要进一步探索。新冠疫情对各国经济发展都构成巨大挑战，尤其是对非洲的打击尤甚。非洲大陆因疫情造成的经济损失高达990亿美元，面临25年来首次经济衰退。由于经济发展势头被疫情阻断，非洲极有可能成为最晚从疫情中实现经济恢复的大陆。在后疫情时代，非洲若想快速恢复经济发展就必须找到新的引擎。而数字经济作为一种新的经济形态，对于全球经济的发展与结构重塑具有重要作用。对于非洲国家，用好数字经济发展的机遇就有望实现经济的转型发展。为此，中非数字经济合作应不断向广度和深度拓展，逐渐成为推动非洲实现数字化转型的重要力量。

（1）强化中非合作与战略沟通

中非合作论坛进入新的20年，中非双方应抓住机遇，共建"数字丝绸之路"，提升数字经济规模水平，推动中非数字经济合作全面发展。中非双方政府可在中非合作论坛的战略框架下进行顶层设计，布局中非数字经济合作，举办中非数字经济高峰论坛，与非洲企业、科研机构中的高端人才交流，就双方关心的领域进行政策协调，为中非数字经济合作出谋划策。同时，中非数字合作的主体也不应局限于政府，应推动中非双方的企业、科研机构以及社会组织抓住非洲数字化机遇，积极参与非洲数字项目，促进中非项目对接，共享数字红利。

（2）完善并加强数字基础设施建设

数字基础设施对于数字经济发展具有无可替代的作用，但是非洲大部分国家的数字基础设施比较落后，整体发展水平不高。未来中国政府应加大对非洲数字基础设施的援助力度，通过扩大混合发展筹资和三方发展筹资的方式共同支持非洲建设光纤、基站以及跨区域通信网络等大型基础设施。与此同时，许多中国企业对于非洲数字经济领域抱有很大兴趣，可以通过技术援助的形式在云计算、人工智能、大数据、物联网、通信等领域与非洲开展技术合作，帮助非洲解决数字经济发展碎片化严重的技术问题，弥补中非数字经济发展鸿沟，共享数字经济发展成果。

（3）加强在数字领域人才培养方面的合作

与传统经济相比，数字经济的技术含量更高，对相关从业人员的要求也更高，而高新技术人才的支持是中非数字经济发展的坚实基础。为此，中国通过帮助非洲国家建立并完善数字经济相关学科建设，打造数字经济人才培养机制，共同培养专业性技术人才。同时，可借助中非已经建立的社会基础，通过人文交流渠道，如外交部与教育部创立的"来华留学卓越奖学金项目"，选派非洲优秀青年赴中国学习数字经济相关知识，参与科研机构、高校和各大企业以及社会组织举办的培训交流活动，提升非洲人民的数字技能。此外，鉴于当前严峻的疫情形势，可采取线上线下相结合的方式对相关从业人员进行技能培训，培养一批非洲国家急需的高新技术人才。

（4）积极探索中非数字创新合作领域

作为中非务实合作的新兴领域，数字创新合作将进一步推动技术进步，为中非合作高质量发展注入新动能。发展数字创新合作符合中非双方发展需求。例如，在数字安全领域，随着新技术的层出不穷，不成熟的技术和规则以及复杂多变的国际局势都给数字安全带来隐患。中非双方需探索数字安全领域的创新合作，提升数字治理能力。

（5）中国积极参与数字经济的国际规则制定

在数字经济快速发展的时代，全球数据供应链以及高端数字技术主要由发达国家提供，中国和非洲等发展中国家和地区均受到垄断数字技术和产品的发达国家的压制，缺乏国际数字经济规则决策的话语权。中国与非洲国家开展数字经济合作的同时，还面临来自西方国家企业的强有力竞争。因此，在遵循联合国、世贸组织的基本原则下，中国应当主动积极参与国际规则的协商制定，加强与包括非洲国家在内的"一带一路"沿线国家的对话与合作，建立与"一带一路"倡议沿线国家的数据共享平台，增强中国在数字经济领域的影响力，紧抓数字经济全球规则制定的机遇期，提升中国关于全球数字经济规则的制定能力。

五　深化中非数字经济合作的政策建议

数字技术和数字经济是第四次产业革命的核心领域，是全球经济的主要增长点，是中非经济发展的重要方向，自然成为中非投资合作增长最快、潜力最大的领域。与此同时，必须注意到中非合作面临西方干预、债务问题、非洲内部动荡等多重挑战。本课题根据非洲数字经济的发展情况、发展潜力以及中非数字经济合作现状，为中非数字经济领域的深化合作提供政策参考。

（一）加快落实"一带一路"框架下的数字基建合作

加快推进"数字丝绸之路"建设。"数字丝绸之路"是"一带一路"倡议的重要组成部分，是数字经济时代的全新发展阶段，承接了丝绸之路的历史轨迹，具有开放性、长效性、合作性、深层性和前瞻性的特点。2017年，第四届世界互联网大会发布《"一带一路"数字经济国际合作倡议》，第一次将数字经济和"一带一路"建设关联起来，倡导"数字丝绸之路"建设，具体内容包括加强在数字经济、人工智能、纳米技术、量子计算机等前沿领域合作，推动大数据、云计算、智慧城市建设。

推动共建"一带一路"倡议同非盟《2063年议程》对接。中国5G技术在全球具有一定的领先优势,但在发达国家市场遭到较大阻力,非洲成为重要突破口。应进一步促进双方优势互补,推进共建"一带一路"高质量发展,共同应对全球性挑战,为全球合作创造新机遇,为共同发展增添新动力。继续举办中非数字合作论坛和中非北斗合作论坛。着力突破重点领域,鼓励华为、中兴等数字企业加快在非洲5G技术、设备和基础设施建设的落地。

更大力度对接非洲数字经济短板。从非洲需求端出发,分析非洲经济复苏乏力、电力等基础设施不足、5G建设缺口较大、数字化转型滞后等问题的原因,对接中国产能和技术优势,引导中资企业在采购、生产、销售等环节加速在非洲当地的"本土化"。提高现有的道路、桥梁、电力等传统基建项目的数字化水平,并不断提高管理方式的数字化、设备本身的数字化(如声控温控路灯、道路底下铺设电缆)、资金运营的数字化。帮助非洲通过不断完善互联网基础设施和技术消除数字鸿沟,追赶全球其他地区的数字化进程。

(二) 拓展应用场景合作

与"基建"一样,"应用"也是中国企业的特长。中国互联网公司正寻求在中国以外的市场发展。

加快制定并实施"中非数字创新伙伴计划"。在"中非携手构建网络空间命运共同体倡议"框架下,中非积极探讨和促进在云计算、大数据、人工智能、物联网、移动互联网等新技术应用领域的合作。

携手拓展中非"丝路电商"合作。中非共同制定电商普惠发展计划,举办非洲好物网购节和旅游电商推广活动,实施非洲"百店千品上平台"行动。鼓励中国发起的电子商务平台向中国出口非洲商品，特别是增值商品，并链接到其他非洲数字解决方案，如 PAPPS。在中国和国际市场上，通过电子商务等手段积极推广非洲制造的产品和品牌。支持非洲国家建设对华出口电子商务基础设施生态系统，畅通中国与多个非洲国家之间的支付体系。Kilimall（长沙非拓信息技术有限公司旗下平台）和 Chinagoods（义乌小商品市场旗下官网）等中国电子商务平台应将业务重点放在向中国及其他地区进口非洲商品。鼓励非洲国家为世界电子贸易平台等电子商务平台建立激励机制，依靠跨境数字基础设施来加强数字一体化。提升中小企业发展数字经济能力，分享数字经济红利。

分享智慧城市建设经验。中方加强同非洲各国政府、"智慧非洲"组织等在数字领域的沟通交流，引领非洲数字技术和中非数字合作创新发展。双方将就信息通信技术政策和发展开展战略咨询，共同努力缩小非洲数字鸿沟，推进非洲信息社会建设。

非洲传统游牧经济仍占比较重，中非数字经济合作应推动数字经济和传统产业相结合，这样更易为非洲所接受。应加大北斗定位系统在非洲的使用，加强牛羊肉进口检验检疫的全流程追踪、数字监控场景建设，倒逼农产品供应链各环节提升食品质量和确保食品安全。针对年轻人的购物和娱乐习惯，开拓海外购、抖音、游戏等市场。加大对信息咨询和教育培训市场的覆盖，增强对中国的认同感。

另外，数字人民币的跨境使用结算可在非洲试点，也可帮助非洲国家推行当地的数字货币。

（三）加强技术合作

落实《中非合作 2035 年愿景》提出的数字创新工程。2021年 11 月，中非合作论坛第八届部长级会议通过了《中非合作

2035年愿景》，这是中非双方首次共同制订的中长期务实合作规划，确定了未来十五年中非合作的总体框架。作为愿景首个三年规划，中国将同非洲国家密切配合，共同实施"九项工程"，推动构建高水平中非命运共同体。其中，第五项是数字创新工程。中国将为非洲援助实施10个数字经济项目，建设中非卫星遥感应用合作中心，支持建设中非联合实验室、伙伴研究所、科技创新合作基地。同非方合作完善中非技术转移和创新合作网络，举办中非创新合作与发展论坛，支持建设中非联合实验室、伙伴研究所和科技创新合作基地。

加大对非洲的技术溢出效应，提升非洲产业链供应链技术水平。鼓励中国数字企业走出国门，走进非洲市场，在非洲投资设厂甚至设立数字产业园区。中国合作伙伴要形成可持续的本土发展能力，融入非洲供应链的可持续发展。将更多非洲公司与中国发起的工业园区和经济特区联系起来，让这些企业能够获得中国融资、物流服务、技术技能和合作伙伴关系等资源。拓展全产业链的合作，包括技术密集型和研发密集型的环节。在提高当地数字应用程度的同时，鼓励企业将数字技术研发、云计算、数据存储等环节在非洲落地生根。将中国自身供应链转型的经验以及旨在解决中国供应链或市场缺口的商业模式推广至非洲，帮助非洲打破长期的殖民历史供应链模式。

中方加强对非方数字技能的培训，提高数字人才数量和占比。充足的数字人才对加强互联互通、促进数字技术应用以及创造更多更好的就业岗位至关重要。中方可在高校、实验室和车间以及非洲当地，为非洲留学生、工人和妇女儿童提供多元化的数字技能培训，以弥合数字技能缺口，提升数字经济包容性。

（四）与欧美在非洲共同开展"第三方合作"

借鉴欧美对非合作经验。数字创新创业领域是非洲数字经济最具潜力的部门，欧美对非务实合作中的线上线下运营、收购和投资等模式，对中国以"新型投建营"合作模式开展对非数字合作具有一定启示意义。

与欧美分工协作，发挥各自特长，共同开发非洲数字市场，促进非洲数字经济繁荣。例如，在国家数据中心、算力中心等重大数字基建方面，可以尝试由英国提供融资、美国提供技术、中国提供数字基建的合作模式，投入共担、收益共享。鼓励亚洲基础设施投资银行与美国国际开发金融公司、欧洲投资银行、欧洲复兴银行等欧美金融机构以及非洲开发银行等非洲本土机构进行合作。

与非洲建立攻守同盟，降低地缘政治风险。通过制度设计和合作协议，为非洲在欧美及全球市场上谋求正当利益，并借此保障中方投资的长期利益。随着智能手机进入全球市场并在非洲普及，非洲可依靠庞大的国内市场（或区域内市场）、安卓系统等开源技术的自主创新应用，以及中国的5G等技术和设备，共同在全球价值链上实现一个攀升。加强对非合作，利用非洲市场，开拓中国数字技术的全球市场份额。针对中美争夺的一些5G新技术、数字设备所使用的关键物资材料，可在非洲就地设厂，并进行研发实验和生产。

加强中国、非洲和欧美三方主管部门的交流合作。分享信息通信发展经验，共同把握数字经济发展机遇，鼓励企业在信息通信基础设施、互联网、数字经济等领域开展合作。

（五）提升合作的国际标准

数字项目建设应加强绿色、可持续、企业社会责任等国际规则。借鉴欧美在非洲建设的投融资及运行模式，采用国际通行准则，强化透明度、绿色环保减排、招投标程序，并扩大招聘当地员工。加大数字经济在社会领域的合作，如远程医疗、在线教育等，在一些项目上彰显援助和扶贫性质，赢得国际声誉。

加强中非数字化转型及数据治理、知识产权等方面的合作。强化数据开放、数据访问、隐私保护、数字平台监管等方面的规则协调，促进数据跨境安全有序流动。深化在先进通信、人工智能、物联网等新兴领域的研发和应用合作。

探索绿色数字能源合作。中非数字能源发展具有较大合作空间，中国政府重视发展国内数字能源，且非洲缺电现状高度契合数字化发展方向。

加强在国际电信联盟、世界无线电通信大会等国际组织中的合作，促进在人员培训、网络互联互通、创新中心建设等方面的协作。

加快设立中非自贸协定。尽管非洲一体化面临诸多障碍，但中国应当利用好这一窗口期，在继续承诺向非洲国家单向减免部分商品关税的同时，尽快启动同非洲国家建立整体自由贸易协定的准备。在自贸协定框架下，通过制度便利降低创新成本，双方合力解决数字产品使用率较低、债务较高等问题。

（六）处理好债务及地缘政治风险

控制债务规模，及时对外公布大项目的债务结构和风险等级。中国与非洲国家的债务协议应更加公开透明，并借此促进非洲政府的债务透明性，用事实驳斥西方所谓的"债务陷阱论"，维护中国在非投资的声誉。

加强与非盟等当地国际组织的合作，化解地缘政治风险。在大国博弈的时代背景下，要实现经济发展目标，扭转因代理人战争而加剧的安全恶化趋势至关重要。建议非洲采取促进安全的一致行动，从而获得政治和贸易的规模经济效应，以此优化稀缺资源配置并加强"安全—发展"的良性关系，推动实施

AfCFTA，最终实现非洲的持久和平与繁荣。中国与非洲国家加强经济合作，签订中长期合作协议，并共同建立国别风险应对机制，加强对苗头性问题的协调，使中国在非洲的经济利益获得最大程度的保全。

拓展地方和民间合作，绑定多元化利益。加强中国与非洲国家政府的合作，以及中国地方政府与当地地方政府的合作。鼓励中国地方政府与非洲国家或省市进行投资合作，如以设立友好城市、地方官员互访等形式加大数字科技、教育、文化等方面的交流合作。鼓励非洲驻华使领馆、商会在各地举办招商引资推介会，让大型科技企业和民营企业了解和参与非洲政府采购、基建等项目。加强与当地有较大影响力的企业、社会组织和名流合作，确保中方投资的安全性。吸引更多非洲人才进入中资公司工作，为中非合作提供后备人才，发掘合作机会，推动合作项目落地，规避合作风险。鼓励专业机构发展，为广大中小企业赴非投资提供商事登记服务、风险咨询服务、语言交流服务、资金担保服务等。

参考文献

1. 中文文献

《习近平谈治国理政》第 1 卷，外文出版社 2018 年版。

《习近平谈治国理政》第 2 卷，外文出版社 2017 年版。

习近平：《高举中国特色社会主义伟大旗帜　为全面建设社会主义现代化国家而团结奋斗——在中国共产党第二十次全国代表大会上的报告》，人民出版社 2022 年版。

凯文·希林顿：《非洲通史（第四版）》，赵俊译，九州出版社 2021 年版。

闫坤、刘诚：《大变局下的中国与世界经济》，中共中央党校出版社 2022 年版。

保罗·普林斯路：《数字时代远程开放教育：南非篇》，《中国远程教育》2019 年第 9 期。

陈小宁：《美国发展数字合作，挤压中国空间》，《世界知识》2022 年第 9 期。

Joret Olivier：《撬动非洲数字经济市场》，《中国投资》2020 年第 Z4 期。

Joseph U Ibeh、齐晓彤：《科技创新为非洲数字化加速》，《中国投资》2020 年第 Z4 期。

黄梅波、段秋韵：《"数字丝路"背景下的中非电子商务合作》，《西亚非洲》2021 年第 1 期。

黄培昭、沈小晓：《非洲加速发展人工智能产业》，《人民日报》

2022年10月25日。

黄玉沛:《中非共建"数字丝绸之路":机遇、挑战与路径选择》,《国际问题研究》2019年第4期。

黄云卿、沈子奕:《非洲数字经济浪潮将至》,《中国投资》2020年第Z4期。

姜璐、吴雨浓:《技术促发展:非洲ICT领域的发展与国际合作》,《复旦公共行政评论》2021年第2期。

李康平、段威:《非洲数字经济发展态势与中非数字经济合作路径探析》,《当代世界》2021年第3期。

林毅夫:《中国未来发展及中国—埃塞俄比亚产能合作》,《开发性金融研究》2014年第4期。

刘锦前、孙晓:《金砖国家数字经济合作现状与前景》,《现代国际关系》2022年第1期。

刘鹏:《非洲个人数据保护立法稳步推进》,《中国社会科学报》2022年8月19日。

毛良斌、周昊曦:《南非互联网发展与治理报告》,《网络空间研究》2017年第3期。

朴英姬:《非洲产业数字化转型的特点、问题与战略选择》,《西亚非洲》2022年第3期。

孙一力:《"一带一路"背景下中国对非洲教育援助策略思考》,《青年时代》2019年第7期。

陶平生:《全球治理视角下共建"一带一路"国际规则的遵循、完善和创新》,《管理世界》2020年第5期。

王传宝:《非洲国家努力弥合"数字鸿沟"》,《人民日报》2022年6月10日。

王涛:《论中非科技合作关系的发展历程及特点》,《国际展望》2011年第2期。

许志成、张宇:《点亮非洲:中国援助对非洲经济发展的贡献》,《经济学》2021年第5期。

杨小明、陈明雁:《埃塞俄比亚的"光明使者"》,《中国民族》2014年第11期。

张春宇:《数字经济为中非共建"一带一路"带来新机遇》,《中国远洋海运》2020年第11期。

张立:《加快产业数字化智能化,抢占竞争制高点》,《瞭望》2020年第47期。

张泰伦、陈晓涵、叶勇:《非洲数字经济驶入"快车道"》,《世界知识》2022年第5期。

张泰伦、林小暖、李璠琢:《全球多国竞相布局非洲数字经济》,《世界知识》2022年第7期。

张忠祥、陶陶:《非洲经济发展的新态势》,《现代国际关系》2020年第9期。

周嘉希:《埃塞俄比亚的国家发展与"一带一路"实践》,《和平与发展》2019年第5期。

2. 外文文献

Abendin S. and P. Duan, "International Trade and Economic Growth in Africa: The Role of the Digital Economy," *Cogent Economics & Finance*, 2021.

Africa's Science and Technology Consolidated Plan of Action, New Partnership for Africa Development (NEPAD), 2005.

Aiginger K. and Rodrik D., "Rebirth of Industrial Policy and an Agenda for the Twenty-First Century," *Journal of Industry, Competition and Trade*, 2020.

Fofack H., "Dawn of a Second Cold War and the 'Scramble for Africa'," Brookings, May 2022.

Global Terrorism Index 2022, "Measuring the Impact of Terrorism," Institute for Economics & Peace, March 2022.

Hjort J. and Poulsen J., "The Arrival of Fast Internet and

Employment in Africa," *American Economic Review*, 2019.

International Telecommunication Union, *Digital Trends in Africa 2021: Information and Communication Technology Trends and Developments in the Africa Region 2017–2020*, 2021.

International Telecommunication Union, *Measuring Digital Development: Facts and Figures (2021)*, 2021.

Joret Olivier, "A 23-Trillion-Dollar Question: How Should Africa Tap into the Digital Economy Opportunity?" *China Investment*, May 20, 2020.

Joseph U Ibeh, "Africa's Fast Rising Digital Economy Hooked On Mobile Adoption," *China Investment*, September 20, 2020.

Kim J., Park J. C. and Komarek T., "The Impact of Mobile ICT on National Productivity in Developed and Developing Countries," *Information & Management*, 2021.

United Nations Economic Commission for Africa (UNECA), *The African Information Society (AISI): A Decade's Perspective*, 2008.

闫坤，二级研究员，博士生导师。现任中国社会科学院日本研究所党委书记、副所长。享受国务院政府特殊津贴，"新世纪百千万人才工程"国家级人选。主要研究领域为宏观经济与财政理论等。主持国家社会科学基金和部委课题40多项，在《中国社会科学》《经济研究》《管理世界》等学术期刊上发表论文200余篇，并荣获全国第五次财政理论优秀科研成果一等奖和中国社会科学院优秀信息对策奖一等奖等多种奖项。